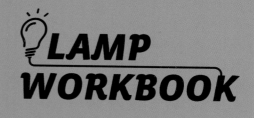

LAMP
WORKBOOK

LAMP WORKBOOK

PART 5 EE
Examination Preparation
Enhancement Program

시험준비 능력
향상 프로그램

박동혁 저

학지사

수많은 색과 특징을 가진 씨줄과 날줄이 얽히고설켜 옷 한 벌이 만들어지듯이, 학업성취 역시 한 개인이 가지고 있는 다양한 특성들의 복잡한 조합에 의해 결정됩니다. 이 중에는 지능이나 환경 혹은 기질과 같이 비교적 변화의 폭이 좁은 결정적 요소도 있고, 기초학습이나 공부습관 동기수준과 같이 경험에 의해 결정되는 요소도 있습니다. 결국 공부를 잘하고 못하는 것은 이런 요소들이 상호작용한 총량으로서의 학습능력에 의해 좌우되는 것입니다.

그런데 우리가 주목해야 할 보다 중요한 사실은 학업성취는 명백히 '능력'보다 '태도'가 결정한다는 점입니다. 학습 문제를 가지고 있는 많은 학생들은 '능력' 그 자체의 결핍보다는 그 능력을 제대로 활용하지 못하거나 인식하지 못하는 문제를 안고 있습니다. 오늘날 우리가 학습에 있어 가장 중요한 요소로 인식하고 있는 '자기주도적 학습'은 '능력'의 문제가 아니라 '태도'의 문제를 강조하고 있음을 기억해야 합니다.

MLST는 그 변화의 여지를 찾고자 만들어진 검사로, 학습의 능력과 태도에 있어 변화할 수 있는 간격의 크기를 확인해 줍니다. 오른손잡이가 다음 날 왼손잡이가 되는 것 같은 변화는 일어나지 않지만, 연습을 통해 오른손이 하던 일을 더 잘하게 하고 왼손이 못하던 일을 조금 더 할 수 있게 만들 수는 있습니다. 공부습관도 마찬가지입니다. 조금 더 잘하게 만들 수 있는 그것을 하지 않고 있는 것은 아닌지 고민해 보아야 합니다.

'작은' 변화라는 것이 정말 작은 것일까요? 수백수천 번 반복된 습관을 바꾼다는 것은 매우 어려운 일입니다. 하지만 그 작음이 우리의 삶을 바꾸는 계기가 된다면, 우리는 그 작음을 '적극적으로' 찾아야 하고 별것 아닌 것 같은 변화를 위해 '꾸준히' 노력해야 합니다.

이 변화의 과정을 인도해 주는 프로그램이 있다면 변화의 속도는 더욱 빨라질 것입니다. 본 교재의 정식 명칭은 LAMP(Learning Ability Management Program) 워크북이며, 학습전략의 변화를 기본 목표로 구성되어 있습니다. 총 20회기(회기당 2시간 소요)의 프로그램이 크게 5개의 주제로 나뉘어 있습니다. 각 주제는 다음과 같습니다.

I. 동기 및 목표 향상 프로그램
ME 프로그램: Motivation Enhancement

: 동기향상을 위해 장기목표(진로탐색)와 단기목표(성적목표)를 내담자의 상황에 가장 적합하게 결정할 수 있도록 도와줍니다. 구성 내용에는 진로탐색을 위한 자기이해, 진로탐색검사의 활용, 진로의사결정, 진로 포트폴리오 만들기가 있습니다.

II. 시간관리 능력 향상 프로그램
TE 프로그램: Time management Enhancement

: LAMP 플래너를 기반으로 내담자의 목표설정과 실행능력, 계획능력을 향상시키는 다양한 기법을 배우고 훈련합니다. 구성 내용에는 시간관리의 문제점 파악하기, 시간관리의 핵심원칙 이해, 계획표 구성 훈련, 실천력 증진 전략이 있습니다.

III. 집중력 향상 프로그램
CE 프로그램: Concentration Enhancement

: 집중력을 극대화할 수 있는 다양한 기법들을 다룹니다. 구성 내용에는 학습환경의 구성, 수면과 컨디션 조절, 집중향상 전략, 수업 중 집중전략이 있습니다.

IV. 정보처리 능력 향상 프로그램
IE 프로그램: Information process Enhancement

: 상위인지전략(Meta-Cognition)을 기반으로 한 학습전략을 주제별로 다루게 됩니다. 구성 내용에는 노트필기 기술, 책읽기 기술, 기억전략, 기억술이 있습니다.

V. 시험준비 능력 향상 프로그램
EE 프로그램: Examination preparation Enhancement

: 시험을 체계적으로 준비하는 능력을 향상시키기 위한 기법들을 다룹니다. 구성 내용에는 시험준비의 기본 원칙, 시험계획 세우기, 시험불안 줄이기, 오답노트의 활용방법이 있습니다.

2014년 판 안내

2010년 이 책이 소개된 이후 많은 학생들에게 이 프로그램의 내용이 적용되고 검증되었습니다. 또한 학습클리닉 전문가 과정을 통해 현장에서 적용하고 계신 많은 선생님들의 피드백을 통해, 다음과 같이 내용을 수정 · 보완하여 2014년 새롭게 출간하게 되었습니다.

첫째, 주제의 재구성; 자기주도학습 프로그램의 핵심 구성요소를 재검토하여 기존 프로그램에서 적용 효과가 낮다고 판단된 내용들을 삭제하고, 현장 검증을 통해 확인된 보다 구체적이고 효과적인 내용들로 재구성하였습니다. 이를 통해 전체 프로그램 내용의 약 40% 정도가 수정 및 보완되었습니다. 또한 기존 프로그램의 분량이 다소 많아서 학교 현장에서 적용이 어렵다는 피드백을 토대로 각 회기를 2시간 안에 여유 있게 진행할 수 있도록 핵심 내용 위주로 정리하였습니다.

둘째, 사용의 용이성; 프로그램의 흐름과 역동을 쉽게 이해할 수 있도록, 교사용 지침서의 각 페이지 우측 상단에 해당 과제의 단계를 이니셜로 표시하였습니다. 또한 해당 과제의 적절한 소요 시간을 분 단위로 표시했습니다. 예들 들어, 'A1 10m'라는 표시는 '인식단계의 첫 번째 과제이며 약 10분 정도가 소요됨'을 뜻합니다. 각 단계의 의미는 다음과 같습니다.

① Awareness(인식단계, 교재에는 ❓ 아이콘으로 표시); 해당 주제의 필요성과 문제점을 통찰하는 과정으로 회기 초반에 주로 구성되며 상담적 기법(Counselling)이 적용되는 단계.
② Choose alternatives(대안탐색 단계, 교재에는 ❗ 아이콘으로 표시); 문제점에 대한 인식을 토대로 이에 대한 효과적 해결책을 배우고 이해하는 단계로 회기 중반에 구성되며 교육적 기법(Education)이 적용되는 단계.
③ Take action(연습/훈련 단계, 교재에는 ✅ 아이콘으로 표시); 문제해결을 위한 대안을 적용하고 연습하는 단계로 주로 회기 후반부에 구성되며 훈련 기법(Training)이 적용되는 단계.

셋째, 각 프로그램 관련 이론 추가; 교사나 학습클리닉 전문가가 각 프로그램을 좀 더 깊이 이해하여 학생들의 학습전략의 변화를 이끌 수 있도록 프로그램과 관련한 주요 이론들을 간략하게 정리하여 교사용 워크북에 추가하였습니다.

넷째, 디자인 교체; 구성의 통일감을 높이고 학생들의 흥미를 높이기 위해 전체 삽화를 주제별로 정리해 500여 개 이상의 컬러 일러스트레이션으로 대체하고, 편집 디자인도 재구성하였습니다.

본 교재는 지난 1999년도부터 현재까지 마음과배움 연구진에 의해 수행된 200건 이상의 집단상담과 800례 이상의 개인상담 결과를 토대로 개발, 검증된 내용을 담고 있습니다. 앞으로도 지속적인 개정과 수정을 통해 국내에서 가장 정교한 학습프로그램이 되도록 발전시킬 예정입니다.

마음은 배움의 힘을, 배움은 마음의 힘을 키워 줍니다. 우리는 그 힘을 믿습니다.

심리학 박사 박동혁

CONTENTS

▶ 시험준비 능력 향상 프로그램의 이론적 배경

I 시험의 심리학적 이해

LAMP
WORKBOOK

II 수행불안에 대한 이해

LAMP
WORKBOOK

▶ **시험준비 능력 향상 프로그램**

1

시험을 준비하는 기본 자세
시험준비의 기본원칙

2

반복, 분산 학습에 따른 시험계획 세우기
시험계획 세우기

3

시험에 당당해지는 방법

시험불안 감소전략

4

실수를 통해 성장하는 시험관리법

오답노트의 작성과 스트레스를 다루는 방법

시험준비 능력 향상
프로그램의 이론적 배경

1. 시험이라는 과정에 대한 심리적 이해

시험이라는 것은 쉽게 말해 머릿속에 집어넣은 내용을 시험 문제에서 요구하는 대로 잘 꺼내는 과정이라 할 수 있다. 앞장에서 살펴보았듯이 인지심리학자들은 일반적으로 **부호화**(encoding), **저장**(storage), **인출**(retrieval)의 세 요소가 기억의 주요 과정을 구성한다고 본다. 여기서 공부한 내용을 머릿속에 집어넣는 것은 '저장'이라 하고, 시험 때 필요한 내용을 꺼내는 것은 '인출'이라 할 수 있다. 결국 시험을 잘 보기 위해서는 공부한 내용을 잘 저장하고 기억해 두었다가 필요한 시점에 적절히 인출하는 것을 잘해야 한다. 분명히 공부한 내용이었는데도 불구하고 시험 때 기억이 나지 않는 일은 흔히 일어나는데, 이는 인출 실패 때문일 수도 있고 아예 그 기억을 잊어버렸기 때문일 수도 있다(망각). 따라서 시험을 잘 준비하기 위한 전략과 방법을 배우기에 앞서 저장과 인출, 망각에 대해 다시 한 번 정리해 보자.

2. 저장과 인출의 작용 기전

장기기억으로의 정보의 전환은 정보의 암송(특히 그 정보의 의미 정교화가 이루어질 때), 정보의 조직화(예: 범주화), 기억술의 활용, 또는 외부 기억 보조 장치 활용(예: 메모하기, 목록 작성하기) 등에 의해 촉진될 수 있다.

1) 어디에 얼마나 잘 저장하는가?

열심히 공부하여 머릿속에 집어넣은 내용, 즉 장기기억에 저장된 내용을 얼마나 잘 인출할 수 있느냐 하는 것은, 처음에 그 공부한 내용을 '어디에 얼마나 잘' 저장해 두었는가에 달려 있다. 장기기억이라는 것은 마치 태평양처럼—실제로는 태평양보다 훨씬 더 넓겠지만—넓은 바다에 비유할 수 있는데, 이 넓은 망망대해에서 특정한 정보를 찾는 과정은 결국 그 정보가 저장된 특정한 영역이나 지점을 찾는 것과 같은 것이다. 다소 복잡해 보이는 이와 같은 과정을 좀 더 쉽게 이해하기 위해서는 머릿속에 어떤 정보를 저장하는 것을 서랍에 정보를 넣는 모습으로 바꿔서 상상하면 좋을 것이다. 영수가 다음번에 있을 시험을 준비하기 위해 오늘 사회 교과서 1단원을 공부하였다. 1단원이다 보니 외워야 할 내용들이 꽤 있었는데, 이 내용들이 머릿속에 있는 총 10개의 서랍에 소단원별로 저장되어 있다고 생각해 보자. 나중 시험에서 다섯 번째 서랍에 저장되어 있던 내용에 대해 기술하라고 했을 때, 영수가 네 번째나 아홉 번째가 아닌 정확히 다섯 번째 서랍을 열어야(즉, 정확한 지점에서 정보를 인출해야) 시험에서 좋은 점수를 받을 수가 있는 것이다.

2) 얼마나 조직화하여 저장하는가?

장기기억으로부터 정보를 잘 인출하기 위해서는 처음에 정보를 얼마나 잘 조직화하여 저장해 두었는지와 상당한 관련이 있다. 조직화 과정은 비단 기억에서만 유용한 것은 아니다. 가령 살림을 하다 보면 급하게 어떤 물건이 필요한 경우가 생긴다. 이번 주말의 집들이를 위해 손님용으로 준비해 둔 그릇들을 찾아야 하는 상황을 가정해 보자. 평소 물건들을 종류별로 구분하여 잘 정리해 둔 사람이라면 손님용 그릇을 찾는 것은 그리 어렵지 않을 것이다. 하지만 별다른 구분 없이 되는 대로 공간이 생길 때마다 물건을 처박아 두는 사람이라면 손님용 그릇을 찾는 일은 만만치 않은 것이 되어 버린다. 집안에 있는 물건들을 한바탕 다 뒤집은 후에야 겨우 베란다에 있는 겨울옷 박스 위에서 손님용 그릇을 찾을 수도 있다. 기억도 마찬가지다. 인출을 하기 위해 정확한 위치의 서랍을 열었으나 그 안에 내용들이 뒤죽박죽 섞여 있다면 시험 문제에서 요구하는 답을 작성할 수 없을 것이다. 결국 내용을 기억할 때 관련된 정보들끼리 서로 연결하여 저장해 놓아야 나중에 그 정보를 인출하는 과정이 수월해진다.

3. 효과적인 인출을 위한 시험공부전략

1) 맥락효과의 고려

저장된 정보들을 잘 인출하기 위해서는 '맥락효과'를 고려해야 한다. 맥락은 정보들을 저장할 때의 환경, 인출할 때의 환경을 말한다. 두 상황의 맥락이 비슷할수록 정보의 인출이 더 잘 일어난다는 것이 바로 맥락효과의 핵심이다. 따라서 시험공부를 할 때 미리 시험 보는 맥락을 염두에 두고 정보들을 저장해야 하는 것이다. 사람들이 흔히 고3 수험생들에게 "실제 수능 시간표처럼, 오전에는 언어 영역 공부를, 오후에는 외국어와 수리 영역 공부를 하는 것이 도움이 된다."고 조언하는 것 역시 맥락효과의 관점에서 이해할 수 있다. 이처럼 시험 시간표와 동일하거나 비슷한 시간대에 그 과목의 공부를 하는 것도 맥락효과를 활용한 시험공부 전략이 되겠다. 또는 내가 공부하는 장소를 시험 보는 상황과 비슷하게 만든 다음 공부하는 것도 도움이 될 수 있다. 문제를 풀 때에도, 시험 시간처럼 시간을 정해 두고 실제로 시험을 치르듯이 하는 것이 훨씬 더 유용한 전략이다. 시험 전날 총정리를 다 한 후에, 문제집에 있는 예상 문제나 기출 문제 하나 정도를 정말 시험 보듯이 풀어 보는 것도 효과적인 인출을 돕는 훌륭한 방법이다.

2) 인출에 도움이 되는 단서와 힌트

효과적인 인출을 위한 또 하나의 전략은, 인출을 쉽게 할 수 있도록 하는 단서나 힌트를 만들어 두는 것이다. '칸트의 철학 사상에 대해 논하시오'와 같은 대학생들의 서술식 시험을 제외하면, 대부분의 시험에는 기억해야 하는 정보에 대한 단서가 함께 제공된다. 시험 문제의 내용 중에 핵심적인 힌트가 있을 수 있고, 객관식 문제의 경우 5개의 보기에서 여러 개의 단서들이 있을 수 있다. 결국 시험이라는 것은, 백지 상태에서 머릿속에 있는 것을 꺼내야 하는 과정이 아니라, 힌트나 단서를 보면서 저장된 내용들을 인출하는 과정이다. 학습심리학적 관점으로 이야기하자면, **외적 인출 단서(external retrieval cue)**를 만들어서 저장장치(뇌) 밖에 그것을 일깨울 수 있는 물리적 도구를 마련하는 것이 되겠다. 따라서 시험을 공부하는 단계에서부터 이 과정을 적용하는 것이 효과적이다. 우선은 정확하고 기억하기 쉬운 인출 단서를 만드는 것이 필요하다. 사회 과목을 예로 들어 설명하면, 특별한 사건의 이름이나 사람의 이름, 연도와 같은 핵심적인 단어들이 좋은 인출 단서가 된다. 정보처리능력 향상 프로그램의 '기억 향상 전략'에서 언급했던 것처럼, 머리글자를 따서 암기하는 것 역시 기억하기 쉬운 인출 단서를 만드는 것이다. 단서에 리듬이나 음률을 붙여 노래처럼 외우는 것이나 글자가 아닌 이미지나 그림 같은 시각적 자료로 만들어 외우는 것 역시 외적 인출 단서를 만드는 방법이다.

4. 망각에 대한 이해

어떤 정보가 단기기억에서 장기기억으로 넘어가게 되면 대부분 상당한 기간 동안 장기기억 속에 저장되어 있게 된다. 장기기억에 저장된 정보들이 죽을 때까지 변함없이 기억되는 것인지 아니면 어느 시점이 되면 사라지는 것인지에 대해서는 아직 많은 논란이 있다. 하지만 한 가지 분명한 것은 우리가 기억하고 있는 많은 내용들 중에서 어떤 내용들은 잊어버리게 된다는 것이다. 즉, 망각이 일어나는 것인데, 망각이 일어나는 이유에는 여러 가지가 있다.

1) 소멸

장기기억에 저장된 정보라 하더라도 거의 사용되지 않거나 아예 사용되지 않을 경우 소멸(decay)하게 된다. 특히 어떤 종류의 정보는 다른 종류에 비해 훨씬 쉽게 소멸하는데, 가령 어떤 일의 핵심적인 사항보다는 세부적인 내용들이 빨리 잊히는 경향이 있다. 자주 꺼내 보지 않거나 자주 사용하지 않는 기억은 시간이 갈수록 점점 약해지고 접근하기가 어려워지는 것이 일반적이다.

2) 간섭

우리가 단지 한두 가지 정도의 적은 정보들만 기억해야 한다면, 기억과 인출은 그리 어렵지 않은 일일 것이다. 그렇지만 우리는 상당히 방대한 내용들을 기억해야 하며, 그 내용 중에는 서로 비슷한 특징을 가진 것들이 있기 마련이다. 가령 '의식하고 있는'이라는 뜻의 단어 'conscious' 하나만 외우는 것은 그리 어렵지 않지만, 이와 비슷하게 생긴 '양심'이라는 뜻의 'conscience'를 함께 외우게 되면 헷갈리게 된다. 한 가지만 알고 있을 때는 정확했던 기억이 비슷한 내용을 알고 난 후부터 헷갈리게 되는데, 이는 비슷한 정보들끼리 서로 간섭, 즉 방해를 일으켜 이미 기억된 내용들이 혼돈되기 때문이다.

간섭(interference)은 역행간섭과 순행간섭, 두 가지로 구분할 수 있다. **역행간섭(retroactive** interference)은 우리가 어떤 것을 학습하고 난 다음에 하는 활동이 앞의 학습 내용에 대한 기억을 방해하는 것이다. **순행간섭**(proactive interference)은 오래된 학습이 회상에 간섭을 일으키는 것이다.

3) 인출 실패

시험을 볼 때, 분명 공부했던 내용인데도 도무지 생각이 나지 않다가 시험이 끝나고 시험지를 걷어가는 순간 갑자기 "맞다! 그거였잖아!" 하면서 그 내용이 번뜩 생각났던 경험을 해 본 적이 있을 것이다. 이는 그 내용을 잊어버려서가 아니라 적절한 시점에 그 내용을 꺼내지 못했기 때문에 나타나는 것인데, 이를 인출 실패라 한다.

비유적으로 설명해 보면, 원하는 정보를 가지고 있는 장기기억이라는 창고를 손전등으로 제대로 '들여다보지' 못했을 때 인출에 실패한다. 아마도 그 정보는 지금 생각하는 것과는 다른 방식으로 연결되어 저장되었을 수 있다. 아니면 그 정보와 다른 생각이 거의 연결되지 않은 채 혼자 똑 떨어져 저장되었을 수도 있는데, 결과적으로 기억을 다 찾아보았지만 손전등의 초점을 받지 못한 것처럼 활성화되지 못한 것이다.

4) 저장 또는 공고화 실패

어떤 정보는 처음부터 완벽하게 저장되지 않았기 때문에 망각되기도 한다. 어떤 정보에 주의를 기울이지 않으면 그 정보는 작업기억에조차 들어오지 않는다. 장기기억에 도달할 수 있도록 충분히 처리하지 않는 정보도 마찬가지이며, 장기기억 속에 들어갔다 하더라도 큰 사고와 같은 어떤 요인 때문에 공고화(consolidation) 과정이 방해를 받을 수도 있다.

5. 망각이 일어나지 않도록 하는 시험공부 전략

1) 주기적인 복습

인간이라면 그 누구도 망각을 피해 갈 순 없다. 에빙하우스의 망각곡선에 잘 나타나 있듯이, 아무리 잘 배운 내용이라도 시간이 지나면 점차로 그 내용을 잊어버리게 된다. 이는 자연스러운 과정이며, 인간의 뇌는 이처럼 망각이 일어나도록 시스템화되어 있다. 사실 망각은 꼭 필요한 것이기도 하다. 때로는 무언가를 잊어버림으로써 우리는 좀 더 편안하게 살 수 있기 때문이다. 가령 목격한 끔찍한 교통사고 광경이나 그때의 충격적인 심경을 시간이 지나도 생생하게 기억한다면, 그 사고만큼이나 끔찍한 일이 될 것이다. 그렇지만 시험을 잘 보기 위해서는 최대한 망각이 일어나지 않도록 해야 한다. 잊어버리는 내용이 0이 되도록 하는 것은 현실적으로 불가능하겠지만, 망각의 속도를 늦추거나 망각으로 버리는 내용을 줄일 수 있는 방법이 있다. 그건 바로 '주기적으로 복습'을 하는 것이다. 에빙하우스의 망각곡선상에서 망각이 급속도로 일어나는 시점인 학습한 후 하루가 지나기 전에 그 내용을 다시 공부하게 되면 기억률은 100% 가까이 올라가게 되고, 기억된 내용들 역시 처음에 비해 훨씬 더 단단해진다. 그 이후에는 가령 3일 후, 일주일 후, 한 달 후 등 간격을 두고 주기적으로 복습하게 된다. 따라서 아예 시험계획을 세울 때, 이를 염두에 두고 계획표를 작성하는 것이 좋다.

2) 6:3:1 전략에 따른 분산학습과 반복학습

시험준비에 대해 청소년들과 이야기하다 보면, '벼락치기'로 시험공부를 하는 경우가 거의 대부분이다. 벼락치기에도 다시 두 종류가 있는 것으로 보이는데, 하나는 처음부터 작정하고 벼락치기를 하는 경우다. 공부를 하거나 시험을 준비하고픈 마음이 별로 없었지만, 정작 시험이 가까워 오자 뭐라도 조금은 해야 할 것 같아서 시험 며칠 전부터 급하게 벼락치기를 하게 된다. 또 다른 경우는 의도치 않게 몰아치기 공부를 하는 것이다. 이런 친구들은 시험 보기 한 달 전 늦어도 3주 전부터 시험준비에 들어간다. 공부를 시작하기에 앞서 나름대로 거창한 시험계획을 세운다. 그렇지만 공부를 하다 보면 계획대로 진행되지 않는 경우가 많고, 시험 기간이 점점 다가오다 보면 정성들여 만들었던 계획표를 던져 버리고 급한 것부터 되는 대로 공부하게 되는 것이다. 보통 이런 경우 처음의 계획표를 지킬 수 없는 이유가 있기 마련인데, 대부분 너무 무리하게 공부 계획을 세우는 것이 그 이유일 때가 많다. 따라서 시험을 잘 보기 위해서는 미리 계획을 세워 시험을 준비하는 것이 필수적이며, 특히 지킬 수 있도록 계획을 잘 세우는 것이 중요하다. 이에 '6:3:1 전략에 따른 분산학습과 반복학습'의 시험계획표 작성법에 대해 단계별로 알아보겠다.

(1) 1단계

좋은 시험계획을 세우기 위해서는 먼저 계획에 필요한 시험 정보들을 잘 알고 있어야 한다. 시험계획을 세우기 전에 꼭 알아야 할 것들은 다음과 같다.

- 과목별 시험범위는 어디까지인가?
- 과목별로 시험을 치르는 날짜와 시간은 언제인가?
- 시험범위에서 선생님이 특별히 중요하고 했던 부분은?
- 시험은 몇 문제나 출제되는가?
- 문제의 유형은 어떤가?(객관식? 주관식? 서술형?)
- 어떤 유형의 문제에서 더 높은 점수를 주는가?

(2) 2단계

시험계획의 가장 기본 원칙인 분산학습과 반복학습에 따라 계획을 세운다.

● 분산학습

분산(分散)이라는 말은 한곳에 몰려 있지 않고 여러 곳에 흩어져 있다는 뜻이다. 학습에 있어서 분산한다는 것은, 한 번에 몰아서 공부하지 않고 나눠서 한다는 것을 의미한다. 가령 수학의 시험범위가 총 70페이지라고 하면, 이를 하루에 다 공부하는 것이 아니라 여러 날에 걸쳐 조금씩 나눠서 하는 것이 바로 분산학습이다.

　분산해서 공부하는 것의 장점은 무엇일까? 첫 번째 이유는 한 번에 많은 양을 공부하면 집중력이 떨어지기 때문이다. 운동을 할 때에도 '오늘은 팔 운동만 해야지.' 하고 계속해서 팔만 돌리면 얼마 못하고 지치게 되듯이, 비슷한 내용을 오랜 시간 붙들고 있으면 뇌가 훨씬 쉽게 피로감을 느낀다. 70페이지의 수학을 한꺼번에 공부하지 않고 하루에 10페이지씩 일주일간 공부하는 것이 더 효과적이다. 하루에 10페이지 정도를 공부하는 것은 그리 부담되는 분량이 아니기 때문에 훨씬 편한 마음으로 공부할 수 있고 그러다 보면 자연스럽게 집중이 잘되고, 집중력이 좋다 보면 내용을 이해하기도 훨씬 쉬워지며, 이해가 잘되다 보면 이를 기억하는 것 역시 보다 수월해진다. 또 오늘 분량인 10페이지를 공부하기 전에, 어제 공부했던 내용을 잠깐 복습한다면 그 내용을 더 단단하고 오래 기억할 수 있게 된다. 이처럼 다른 방법에 비해 기억을 더 잘할 수 있다는 것이 바로 분산학습의 두 번째 장점이다.

　1800년대에 Hermann Ebbinghaus는 학습(기억 암송) 회기의 분산이 정보를 장기기억에 공고화하는 데 영향을 미친다는 것을 발견했다. Bahrick과 Phelps(1987)는 사람들이 <u>**집중학습**(massed practice; 한 번에 몰아서 하는 학습)</u>을 했을 때보다 <u>**분산학습**(distributed practice; 시간 간격을 두고 여러 회기에 걸쳐 이루어진 학습)</u>을 했을 때 그 정보를 더 오래 기억한다는 사실을 발견하였다. 학습 회기의 시간 간격이 길수록 사람들은 학습 내용을 더 오래 기억하였다.

　분산학습이 더 좋은 회상을 가져오는 현상을 학습의 **간격효과**(spacing effect)라고도 하는데, 간격효과가 나타나는 원인을 장기기억의 공고화 과정과 연결하여 생각할 수 있다. 분산학습을 할 경우, 각 학습 회기마다 부호화의 맥락이 다르므로 학습자가 각기 다른 부호화 단서나 책략을 사용할 수 있고, 따라서 정보의 도식을 더 정교하고 풍부하게 할 수 있기 때문에 간격효과가 나타나는 것으로 볼 수 있다. 또 다른 가능성은 수면이 기억에 미치는 영향에 대한 연구를 통해 발견할 수 있다. REM 수면이 많이 포함된 숙면은 기억의 공고화를 돕기 때문이다. 같은 내용을 여러 날에 걸쳐 반복학습하면, 매일 밤 자는 동안에 해마가 반복적으로 재활성화하면서 빠르게 학습된 기억 정보가 영구적인 장기기억 체계에 더 잘 통합된다.

　공부할 때 간격효과의 원리를 기억하는 것은 중요하다. 단기간에 다양한 주제를 다량으로 학습하는 것보다는 학습주제를 분산시키고 부호화 맥락을 다양하게 할 때 평균적으로 정보를 더 오래 기억할 수 있다.

● 반복학습

반복(反復)은 말 그대로 같은 내용을 여러 번 공부하는 것을 뜻한다. 분산학습이 공부의 '양'에 대한 것이라면 반복학습은 공부의 '횟수'에 대한 전략이다. 앞에서 배운 '기억 향상 전략'에서 살펴보았듯이, 한번 공부한 내용은 시간이 지나면 조금씩 머릿속에서 사라지는데, 이것을 막을 수 있는 유일한 방법은 공부한 내용이 사라지기 전에 반복함으로써 기억을 단단하게 다지는 것이다. 우리 뇌는 중요한 정보를 오래 기억하려는 속성이 있는데, 반복적으로 같은 내용이 들어오면 중요하다고 판단한다. 최소 두 번에서 세 번 정도는 반복해서 공부해야 외우려는 내용들이 안전하게 시험 때까지 머릿속에 남아 있게 된다. 또 이렇게 공부하면 시험이 끝나고 나서도 그 내용이 쉽게 잊혀지지 않는다. 즉, 한 번에 확실하게 암기하는 것보다 기억이 희미해질 때쯤 다시 한 번 그 내용을 반복학습하는 것이 더 효과적이다.

(3) 3단계

분산학습과 반복학습의 원리를 적용해서, 시험준비 전체 기간을 6 : 3 : 1의 비율로 나눠 시험계획을 세운다. 그 내용은 다음과 같다.

구분	전체 시험 기간의 60%	전체 시험 기간의 30%	전체 시험 기간의 10%
해야 할 일	전 과목의 내용을 읽고 이해하여 필요한 부분을 요약하고 암기한다.	60%의 기간 동안 공부한 내용을 잘 알고 있는지 복습하고, 문제풀이를 통해 확인한다.	최종 점검
공부의 재료	교과서, 노트, 프린트, 자습서 등	(요약)노트, 문제집	(요약)노트, 오답노트, 최종정리하기 좋은 재료
공부 방법	정독하기, 이해하기, 요약하기, 암송하기.	복습하기, 다시 암송해 보기, 문제 풀기, 오답노트 만들기.	틀린 부분이나 중요한 부분만 확인하기, 암송하기

II 수행불안에 대한 이해

1. 정서와 학습의 관계

정서가 학습에 영향을 미친다는 사실은, 상식적인 수준에서도 쉽게 이해할 수 있다. 우리가 새로운 것을 배울 때, 기분이 좋고 특히 배우는 내용에 흥미를 느낀다면, 그 내용을 이해하거나 처리하는 일은 훨씬 수월해지며, 그 결과로서 느끼게 되는 흥분이나 즐거움, 뿌듯함 같은 감정들도 더 커진다. 반대로 어떤 시도가 실패하면, 좌절하고 불안하게 되며 그 과제에 대해 부정적인 감정을 갖게 되는 경향이 있다. 정서 중에서도 특히 일반적인 기분 상태가 학습과 기억에 많은 영향을 미친다.

어떤 내용을 공부하거나 외우려고 할 때, 사고와 기억은 '뜨거운 인지(hot cognition)'라고 알려진 정서적 뉘앙스를 갖게 된다. 즉, 학습하려고 하는 자료의 어떤 특성이 정서가를 일으키게 되고, 이는 결과적으로 인지적 처리에도 영향을 미친다는 것이다. 가령 어떤 정보가 정서적인 흥분을 일으키게 되면, 우리는 그것에 더 많은 관심을 기울이는 경향이 있다. 그것에 대해 더 많이 생각하고, 반복적으로 정교화하게 된다. 그러나 정서를 불러일으키지 않는 주제에 대해 논리적으로 생각할 때에 비해, 이성적인 추론을 이끌어 내고 적절하게 처리하는 능력은 방해받을 수도 있다.

이처럼 집중하고 이해하고 저장하는 온통 인지적인 과정들에 정서가 영향을 미치기도 하지만, 반대로 장기기억에 저장된 정보를 인출할 때에도 정서적 특성들이 영향을 미친다. 극도로 고통스러운 기억은 때로 억압되기도 하지만, 일반적으로는 비정서적인 정보보다는 정서적인 내용을 보다 쉽게 기억해 낼 수 있다. 가령 어린 시절 커다란 개에게 물릴 뻔했던 기억은 두고두고 오래 기억에 남는데, 그 당시의 놀랐던 느낌이나 공포감이 함께 저장되었기 때문이다. 그렇지만 별다른 일 없이 여느 때처럼 평범하게 학교 수업을 마치고 집에 돌아온 초등학교 4학년 시절의 어느 날은 기억해 내기가 쉽지 않을 것이다. 즉, 어떤 정보에 정서적인 색채가 가미될 때, 사람들은 더 잘 기억하게 된다는 것이다. 한편 여러 연구자들에 따르면, 인출 시점의 기분이 처음에 그 정보를 저장할 때와 동일할 때, 그 정보가 더 잘 회상된다고 하는데, 이는 '기분 의존 기억(mood dependant memory)'으로 알려진 효과다.

1) 우울과 학습과의 관계

'기분이 우울하면 무조건 나쁜 것이다.'라고 생각하는 경우들이 있는데, 사실 우울한 기분도 긍정적인 작용을 할 때가 있다. 병리적인 수준이 아닌 적절한 정도의 우울감을 가진 사람들은 그렇지 않은 사람들에 비해 현실을 보다 정확하게 지각한다고 한다. 다시 말하면 일반 사람들은 현실을 실제보다 다소 긍정적으로 보는 데 반해 약간의 우울감을 가진 사람들은 훨씬 더 냉철한 지각과 판단력을 가지고 있고, 그렇기 때문에 우울한 기분을 느끼기도 한다. 또 이런 사람들은 대체로 깊이 있게 생각하는 성향을 가지고 있으며, 자신에 대해서도 내성(內城)하고 반성하는 능력이 뛰어난 편이다.

이처럼 우울한 기분 역시 늘 좋기만 하거나 늘 나쁘게만 작용하는 것은 아니다. 그렇지만 학습 장면에 있어서 우울은 대체로 부정적인 기능을 하는 경우가 많다. 우울한 상태가 되면 후회나 자책 같은 불필요한 생각에 몰두하게 되므로, 자신이 해야 할 공부에 관심을 갖고 집중하기가 어렵다. 대부분 우울 증상이 심하면 정신 운동의 지체가 나타나는데, 과제에 집중한다 하더라도 효율적으로 처리하기가 어렵기 때문에 제 능력을 충분히 발휘하지 못한다. 이처럼 우울한 기분과 학업 성취 사이의 부적인 상관은 여러 연구 결과에서도 일관되게 입증되고 있다. 우울한 아동들은 지적 잠재력에 비해 학교에서의 성취와 학업 수행이 빈곤했는데, 이는 우울 상태에서 비롯되는 집중력 부족, 동기 결핍 등의 증상이 아동들로 하여금 자신의 능력을 제대로 발휘하지 못하도록 방해함을 시사하는 결과다.

2) 불안과 학습과의 관계

(1) 불안이 학습에 미치는 영향

불안은 전형적으로 성과가 불확실한 상황에 대한 불편하고 걱정되는 감정으로, 높은 각성 상태를 동반한다. 불안이 학습이나 수행에 미치는 영향에 대해 가장 널리 알려진 이론은 **'최적 각성 수준 가설'**이다. 옆의 그래프에서 보듯 이 이론에서는 불안, 즉 각성의 수준과 수행 간에 '거꾸로 된 U'자 모양의 관계가 있다고 본다. 각성 수준이 지나치게 낮거나 높을 때는 수행이 떨어진다. 즉, 지나치게 불안해하거나 너무 불안해하지 않는 경우 둘 다 과제에 대한 집중력과 수행 능력을 저하시킨다. 대신,

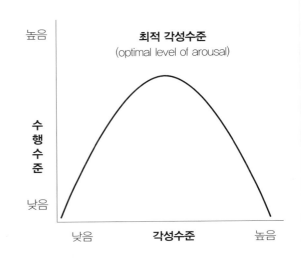

낮은 불안 수준 상태인 약간의 각성은 학습과 수행을 가장 촉진한다. 적절한 정도의 각성이란 사람마다 또 주어진 과제의 특성에 따라 조금씩 다르다.

특히 과제의 난이도와 각성 수준 간에 중요한 관계가 있다. 쉬운 과제는 각성 수준이 높은 상태에서 가장 잘 해결되지만, 어려운 과제는 각성 수준이 낮거나 중간 정도일 때 더 잘 성취된다. 이를 **역스-도슨의 법칙(Yerkes-Dodson Law)**이라 한다. 높은 불안 수준은 200m 달리기나 알파벳 암기하기처럼 쉽고 자동적인 과제의 수행을 증진한다. 이는 촉진적인 불안(facilitating anxiety)의 예다. 그러나 동일한 수준의 불안(높은 불안)이 대규모 대중 앞에서의 연설과 같은 어려운 과제에서는 오히려 독으로 작용한다. 이는 파괴적인 불안(debilitating anxiety)의 예다. 수업 과제를 수행할 때에도 역스-도슨의 법칙을 쉽게 발견할 수 있다. 가령, Bloom과 Border(1959)에 따르면, 수학 문제를 푸는 동안에 약간의 근육 긴장을 경험하는 학생들이 그런 긴장을 전혀 경험하지 않은 학생들보다 문제를 푸는 데 있어 좀 더 성공적이다.

한편 과제 난이도가 어려운 경우를 좀 더 세분화해서 생각해 볼 필요가 있다. 어려운 과제가 '위협'과 '도전' 중 어디에 해당되는지가 중요하다. 위협(threat)은 학습자가 성공 가능성이 낮다고 믿

는 경우, 즉 실패가 거의 불가피한 결과라고 생각하는 상황이다. 반대로 도전(challenge)은 학습자가 열심히 노력하면 성공할 수 있으리라 믿는 상황이다. 학습자는 상황을 위협적으로 지각하게 되면 불안감에 더해 '어찌할 수 없다'와 같은 무기력감을 느끼게 된다. 상황을 도전으로 느껴야 좀 더 적극적인 모습이 나오게 된다. 성공할 수 있을 것이라고 생각할 때, 최선을 다하려는 동기가 높아지고 흥분과 만족을 나타내게 되는 것이다.

(2) 수학 불안(mathematics anxiety)

학교에서 배우는 모든 과목 중에서 수학만큼 많은 학생들에게 불안을 유발하는 과목도 없다. 상담실에서 많은 청소년들을 만나다 보면, 다른 과목에서는 뛰어난 수행을 보이면서도 유독 수학에서만 고전을 면치 못하는 경우를 자주 보게 된다. '수학 불안'이라는 진단명을 하나 만들어도 될 만큼, 최근에는 수학에 불안을 느끼는 청소년들이 많은 것 같다.

수학 불안은 다른 불안과 마찬가지로, 인지적 측면과 정서적 측면을 가지고 있다. 수학 불안의 인지적 측면은, 지금도 그렇고 앞으로도 마찬가지겠지만 내가 수학 과제에서는 좋은 성과를 내기가 어려울 거라는 생각과 믿음이다. 정서적 측면은 수학에 대해 부정적인 정서 반응을 보인다는 것인데, 가령 수학 문제를 보기만 해도 머리가 어지럽다거나 수학 시험 때 너무 손이 떨려서 문제를 제대로 풀지도 못하는 경우가 이에 해당된다. 아예 수학에 대한 이야기를 하는 것조차 거부하는 경우도 있다.

수학 불안이 높은 학생들은 수학 불안이 낮은 학생들보다 수학에서의 성취도가 떨어지며, 자발적으로 수학 과목에 등록하지 않으려 한다. 수학 불안은 성취 수준이 비슷한 가운데에서도 남학생보다 여학생에게 더 많은데, 이것이 왜 여학생들이 수학을 전공으로 하여 진학하거나 진로를 개척하지 않는가를 나타내는 핵심적인 이유 중 하나다. 그리고 수학 불안은 남학생이든 여학생이든 과학 분야의 진로를 추구하지 못하도록 방해한다.

(3) 시험불안(test anxiety)

곧 시험을 앞두고 있는 상황에서 어느 정도 불안해하고 걱정하는 것은 지극히 당연한 일이다. 또한 적당히 긴장하고 불안해하는 것은 시험을 잘 준비하고 실제 시험을 잘 보는 데 도움이 된다. 하지만 이런 불안 수준이 너무 지나쳐서 정작 시험준비를 제대로 못하거나 시험을 망치게 되는 경우가 있는데, 이를 시험불안이라 한다.

시험불안은 정의적, 인지적인 두 가지 요소로 구성된다. 시험불안의 정의적, 정서적 요소는 생리적인 증상들을 포함할 수 있는데, 맥박수가 증가하고 입이 마르고, 두통, 공포, 무기력, 간혹 백지 상태로 가는 듯한 느낌 등을 수반한다. 그렇지만 시험불안은 반드시 시험 시간에만 나타나는 것은 아니다. 실제 상담 사례에서, 평소에는 건강에 아무 문제가 없던 고등학교 남학생이 늘 시험 2주 전부터 장염이나 몸살감기로 심하게 아파 제대로 시험준비를 하지 못하는 경우가 있었는데, 이 남학생은 이런 패턴을 1년 내내 반복했었다. 검사 결과 신체적 기능에는 별다른 이상이 없었다. 1년 간 반복되는 패턴을 지켜본 후에야, 이 남학생이 극심한 시험불안으로 인해 시험 직전에 자기불구화 전략(self-handicapping strategy)[1]을 사용함으로써 실패할 수도 있는 상황을 미리 차단하고

---

1 자기불구화 전략이란 중요한 일을 앞두고 일부러 해가 되는 행동. 가령 술을 마신다거나 일부러 늦장을 부리는 것과 같은 행동을 하는 것을 말함. 이렇게 하면 실패하게 되었을 때 스스로에게 변명거리가 있으므로 자존감에 상처를 덜 받게 됨.

있음을 감지할 수 있었다. 이처럼 시험불안은 시험을 보기 전에도 나타날 수 있으며, 굉장히 다양한 행동과 증상으로 나타난다.

　시험불안의 인지적 요소 혹은 걱정은 실패에 대한 걱정(예: 부모님께서 화를 내시지는 않을까, 대학에 못 가지 않을까)과 낮은 점수를 받고 당황하지 않을까 하는 걱정과 같은 생각을 포함한다. 시험불안을 느끼는 학생들은 시험의 난이도에 몰두한 나머지 구체적인 시험문항에 집중하지 못하는 경향이 있다.

　성공에 대한 압박이 존재하고 어렵다고 인식될 때, 시간제한이 있고 친숙하지 않은 문제나 시험형태가 존재하는 상황에서 시험불안이 야기된다. 특히, 예고 없이 치르는 시험이 높은 시험불안을 야기할 수 있다.

2. 시험불안을 다루는 방법

1) 인지행동적 요법

　시험에 대해 극심한 불안을 느낀다면 이는 대부분 시험에 대해 '불안을 느낄 만한' 어떤 생각을 하고 있기 때문이다. 가령 시험 성적이 자신의 능력과 자신의 존재에 대한 평가와 동일한 것이라고 생각할 경우, 상당한 시험불안을 느끼게 될 것이고, 그 불안은 시험을 볼 때 여러 행동적·신체적 증상으로 나타나게 될 것이다. 이처럼 우리의 생각, 감정, 행동은 서로 밀접하게 연관되어 있으며 서로 영향을 주고받는데, 이는 심리학의 한 분파인 인지행동주의의 가장 핵심적인 가정이다.

　인지행동적 요법을 통해 시험불안을 경감시킬 수 있다. 방금 전에도 살펴보았듯이, 생각은 감정에 지대한 영향을 미친다. 어떤 생각들은 우리의 기분을 좋게 하고 보다 적응적으로 생활하는 데 도움이 되는 반면, 기분을 나쁘게 하고 미래에 대해 비관하게 하는 부정적이고 파괴적인 생각들도 있다. 좀 더 편안하고 즐겁게 살아가기 위한 방법 중 하나는 바로 이 생각을 바꾸는 것이다. 마찬가지로 시험불안에서도, 불안을 유발할 만한 생각들을 수정하는 작업을 통해 시험불안의 수준을 낮출 수가 있다. 이를 'ABC 모델'이라고 한다.

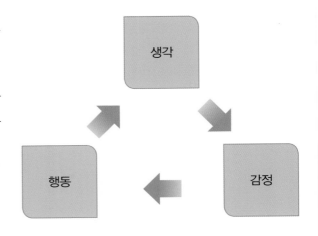

- ● ABC 모델
  A(Activating event): 내가 경험하는 생활사건
  B(Belief system): 그 사건에 대한 내 생각이나 믿음
  C(Consequence): 내 생각이나 믿음에 따른 결과

가령 '이제 시험이 얼마 남지 않았다'라는 동일한 선행사건(A)에 대해, '이번 시험을 못 보면 정말 큰일 나는데… 점수 떨어진 만큼 선생님이 때린다고 했잖아. 그리고 이번에 진짜 망치면 내 인생은 끝장이야.'라고 생각하는 경우와 '벌써 시험이 코앞이네. 미리 준비한다고 했는데도 아직 못한 공부가 많아. 어쩌지? 하지만 일단 다른 건 생각하지 말고 남은 시간 동안 할 수 있는 만큼 열심히 준비하자. 그리고 시험 결과 보고 나서, 다음에 더 잘하면 되지.'라고 생각하는 경우, 둘 다 선행사건에 대한 생각과 믿음(B)이지만, 그 이후의 행동이나 결과는 판이하게 달라진다. 전자의 예시처럼 생각할 경우, 상당한 압박감과 긴장, 불안을 느끼게 될 것이고, 조금마한 어려움이 닥치면 그만 포기해 버리고 싶을 것이다. 반면 후자의 예시처럼 긍정적으로 생각할 경우, 보다 적은 불안감과 걱정을 느끼게 될 것이며 시험준비 및 시험 치르는 과정에서도 훨씬 더 적응적으로 기능할 것이다.

이처럼 생각을 바꾸는 방법을 통해 시험불안을 경감시킬 수 있지만, 이는 하루아침에 가능한 것이 아니다. 생각이라는 것은 워낙 오랜 시간을 걸쳐 형성되어 온 것이기 때문이다. 자신의 부정적인 생각, 자신의 능력을 갉아먹는 생각을 바꾸고 싶다면, 마치 일기를 쓰듯 꾸준히 생각을 바꿔 보는 연습을 해야 한다.

2) 이완 훈련

심리적으로 긴장하게 되면 우리의 신체도 이에 반응하여 자세가 꼿꼿해지거나 근육이 경직될 수도 있다. 그렇지만 심리적 상태가 신체 상태에 일방적으로 영향을 주기만 하는 것은 아니다. 신체 상태가 어떠하냐에 따라 심리적 상태가 달라질 수도 있다. 이완 훈련은 이처럼 심신(心身) 간에는 서로 영향을 주고받는다는 가정에 근간을 두고 있는 방법이다. 이완 훈련은 체계적인 근육의 이완을 통해 심리적인 안정을 도모하는 방법이다. 여러 가지 다양한 훈련법들이 있지만, 대체로 근육을 긴장시켰다가 다시 이완시키는 방법을 반복하면서 점차로 근육을 이완시키고 여기에 호흡법을 통해 긴장을 감소시키는 방법을 병행한다. 이완 훈련은 혼자서 하기에는 다소 어려운 방법이므로, 이완 훈련 전문가의 지도하에 연습하는 것이 좋다.

3) 교사가 학생들의 시험불안을 최소화할 수 있는 방법

시험 형태와 내용을 명료하게 해줌으로써 학생들은 시험에 대한 체계를 나름대로 세울 수 있고, 시험불안을 감소시킬 수 있다. 시험에 무엇이 나올지 알고 문제의 형식이 어떤지 앎으로써 모든 학생, 특히 능력이 낮은 학생들이 더 높은 성적을 얻게 된다.

- 성적이나 등급을 공개하는 것과 같은 학생 간 비교를 피한다.
- 퀴즈나 시험의 횟수를 늘린다.
- 시험 전에 시험의 내용과 절차에 대해 토의한다.
- 분명한 지침서를 제공하고, 학생들이 시험의 형태와 요구조건들을 이해하고 있는지 확인한다.
- 학생들에게 시험 보는 기술을 가르친다.
- 대안적인 평가와 같은 다양한 측정방법을 사용해서 학생들의 이해와 기술을 측정한다.

- 시험을 치를 때 학생들에게 충분한 시간을 준다.
- 학생들에게 긍정적인 기대감을 불러일으키고 성공과 노력을 연결하도록 격려한다.

3. 스트레스에 대한 이해

영어권에서는 15세기경부터 압력이나 물리적 압박이라는 의미로 스트레스라는 단어를 사용하기 시작했으며, 17세기경에는 보다 일반화되어 역경이나 곤란의 의미로 사용되었다. 그러다가 20세기에 들어 질병이나 정신질환의 원인으로 스트레스라는 개념이 사용되기 시작했다. 스트레스의 정의에 대해서는 아직 전문가들 사이에서조차 의견 일치가 이뤄지지 않고 있지만, 스트레스를 크게 세 가지 방식으로 정의하는 데는 동의한다.

1) 반응으로서의 스트레스

반응으로서의 스트레스란, 추위나 산소 결핍 등과 같은 조건에서 신체가 항상성(homeostasis)을 유지하는 데 장애가 왔을 때 경험되는 상태를 말한다. 이 개념은 주로 생물학이나 의학에서 사용되는 것이다. Selye는 새로운 자극 형태가 나타났을 때 이에 대응하려는 신체적인 방어의 틀, 즉 비특정적 반응(일반적응증후군)으로 스트레스를 정의하였다.

2) 자극으로서의 스트레스

심리학자들이 내린 가장 보편적인 정의에서는 스트레스를 하나의 자극으로 본다. 즉, 스트레스란 비통상적 반응을 요구하는 어떤 사건이나 상황으로, 외적인 환경 조건에서부터 내적인 생리적 현상까지 다양한 자극들이 포함된다. Selye는 이를 반응으로서의 스트레스와 구분하기 위해 스트레스원(stressor)이라는 말을 사용했다. Lazarus 등은 자극으로서의 스트레스를 다음 세 가지 유형으로 구분하였다. 첫째로, 천재지변, 전쟁, 투옥과 같이 다수에게 격변을 일으키거나 중대한 영향을 주는 변화이며, 둘째, 사랑하는 이의 죽음이나 심각한 병, 해고, 이혼, 출산, 중대한 시험과 같은 일부 사람들에게 해롭거나 위협을 줄 수 있는 부정적인 경험들, 셋째, 일상의 골칫거리로서 생활 속에서 경험하는 사건들이다.

3) 관계론적 정의

어떤 환경 사건도 개인의 지각이나 평가 과정 없이는 스트레스 요인으로 작용할 수 없다는 관계론적 입장이다. 이는 매우 광범위한 개념으로 사회적, 심리적, 생리적 체계를 모두 포함하며, 스트레스 정도는 자극으로서의 스트레스에 대한 인지적 평가, 즉 위협 정도에 대한 지각과 이에 대해 대처할 수 있는 자신의 능력에 대한 평가 등에 의해 결정된다고 본다. 자극 자체에 대한 평가를 일차적인 평가, 그것에 대해 자신의 대처 자원과 능력에 대한 평가를 이차적인 평가라 한다.

4. 스트레스에 대한 신체적 반응

1) 위급 반응(emergency response)

갑자기 위급한 상황을 겪게 될 때 신체가 자동적으로 나타내는 반응을 위급 반응이라고 한다. 위급 상황의 내용이 각기 다를지라도 신체가 반응하는 양상은 매우 유사하다. 간에서는 포도당을 분비하고, 내분비선에서는 위급 상황에 도움이 될 수 있는 호르몬을 분비하며, 지방과 단백질을 당분으로 전환하게 만들고, 심박, 혈압, 호흡수가 증가하게 된다. 이러한 활동들은 자율신경계의 기능과 관련이 있으며, 시상하부는 부신수질로 하여금 아드레날린을 방출하도록 한다. 아드레날린은 심박, 혈압 증가, 간장의 혈당 방출을 촉진한다.

2) 일반 적응 증후군(generalized adaptation syndrome)

(1) 경보 반응 단계(alarm reaction stage)

일반 적응 증후군의 첫 단계인 경보 반응은 유기체가 위협의 존재를 인식할 때 일어난다. 이 단계에서는 스트레스의 원인이 심리적인 것이든 물리적인 것이든 신체반응은 매우 유사하다. 경보 반응은 두 단계로 일어나는데, 충격 단계(shock phase)에서는 체온, 혈압이 떨어지는 대신 심장박동은 순간적으로 빨라지고 근육은 이완된다. 이후에는 바로 반충격 단계(countershock phase)가 나타나는데, 이때 신체는 스트레스에 반동적으로 대처하며 방어력을 동원한다. 이때 나타나는 신체반응들은 위급 반응이다.

(2) 저항 반응 단계(stage of resistance)

만약 스트레스가 계속되면, 그 유기체는 저항 단계라는 일반 적응 증후군의 두 번째 단계로 진행된다. 이 단계에서는 대처 노력이 시작되면 생리학적 변화가 일정 수준으로 안정된다. 다만 유기체가 위협에 익숙해져 안정을 이루었다 하더라도 생리적인 각성은 정상 수준보다는 더 높게 지속된다. 대처 노력에는 에너지가 많이 소모되므로, 위궤양, 천식, 피부병, 요통 등의 정신신체장애나 불면증 및 성기능 장애 등이 나타날 수 있다.

(3) 소진 반응 단계(stage of exhaustion)

만약 스트레스가 상당 기간 이상 계속되면, 유기체는 세 번째 단계인 소진 단계(탈진 단계)로 들어간다. 스트레스에 저항하는 신체의 자원은 한정되어 있기 때문에, 만약 스트레스를 극복하지 못하면 신체 자원은 고갈될 것이고 생리학적 각성은 감소할 것이다. 결국 유기체는 소진되어 쇠약해진다. 이 단계에서 저항이 줄어들어 잠재적으로 Selye가 '적응의 질병'이라 부르는 궤양이나 고혈압 같은 병에 걸리게 되며, 심한 경우 죽음에 이른다.

5. 스트레스에 대한 반응

1) 인지적 손상

스트레스로 인해 정서적으로 불안정해지면 지적 수행상의 손상이 일어난다. 예를 들면, 주의집중이 안 된다거나 자기-파괴적이 되거나 여러 가능성을 포괄적으로 검토할 수 있는 능력이 현저하게 줄어드는 것 등이다. 또한 새로운 해결방법을 찾지 못하고 과거에 익숙하게 사용했던 해결방법을 자동적으로 선택하는 경향이 높아진다. 그래서 스트레스를 받으면 공격적인 사람은 더 공격적이 되고, 조심스러운 사람들은 더 위축된 행동을 보일 수 있다. 더불어 스트레스로 인한 생리적인 흥분을 경험하게 되면 소위 터널시야 현상(tunnel vision phenomena)이 나타난다. 터널 안에 들어갔을 때 시야가 갑자기 좁아지는 것과 마찬가지로 가능한 장기적인 부담을 예측하기가 힘들어지고 충동적인 행동이나 모험을 행할 가능성도 높아진다.

2) 정서적인 반응

(1) 불안(anxiety)
공포(fear)는 긴박한 위험이 현존할 때나 실제적인 위험이 예기될 때 느끼는 두려움으로 어떤 구체적인 대상이 있을 때 경험하는 것이다. 그에 반해 불안은 걱정하고 두려워하는 감정이기는 하지만 그 대상이 막연하고 모호하다는 특징이 있다. 즉, 불안은 구체적으로 무엇 때문에 무서워하고 두려워하는지를 모르는 상태다.

(2) 분노와 공격(anger and aggression)
공포가 도피 욕구와 직결된 감정인 것처럼 분노는 투쟁 욕구와 직결된 감정이다. 친구가 약속을 안 지키거나 내가 바보 같은 실수를 할 때처럼 좌절감을 느낄 때 화가 난다. 분노는 대개 공격 행위로 발전되는데, 분노를 일으키는 외부의 도발 자극을 확인하며 공격을 가해 상처를 주거나 다른 식으로 피해를 입히려는 충동이 자연히 일어난다.

(3) 우울과 무감동(depression and apathy)
스트레스에 대한 정서적 반응의 또 다른 유형으로 우울이나 무감동을 들 수 있다. 어떤 상황이 희망이 없다고 느껴질 경우 우리는 우울해진다. 우울한 사람은 만사에 의욕과 흥미를 잃고 자포자기하기 쉽다. 스트레스가 반복되고 이에 효과적으로 대처할 수 있는 능력이 없다고 느끼면 심한 우울감을 경험하며 무력감에 빠지게 된다. 심한 경우는 아무런 감정 표현을 할 수 없는 무감동 상태에 빠지게 된다.

3) 스트레스의 긍정적인 효과

스트레스라고 해서 항상 부정적인 효과만 있는 것은 아니다. Selye는 심리적 및 신체적 건강 상태나 과제 수행에 긍정적인 영향을 줄 수 있는 스트레스를 적정 수준의 스트레스(Eustress; 'eu-'는 희랍어로 기본, 좋은, 적당의 의미를 가짐)라고 명명한 바 있다. 스트레스의 긍정적 효과들은 크게 세 가지로 요약될 수 있다.

첫째, 스트레스 상황은 자극을 받고 도전을 하려는 우리의 욕구를 자극한다. 여러 연구들에서, 대부분의 사람들이 그들의 삶에서 아무런 스트레스가 없는 상태보다 적정 수준의 자극과 모험이 있는 상황을 더 선호한다는 사실을 밝혀냈다. 둘째, 스트레스는 개인적 성장이나 자기 향상을 증진하는 기능을 할 수 있다. 즉, 스트레스에 의해 시작되는 적응과정으로 인해 더 나은 개인적 변화가 일어나기도 한다는 것이다. 또한 스트레스에 도전하고 이를 극복함으로써 특정한 대처 능력이 향상될 수 있으며, 스스로에 대한 자부심도 높아지게 된다. 셋째, 스트레스를 경험함으로써 앞으로 닥쳐올 미래의 더 큰 스트레스에 대한 예방 접종과 같은 면역 기능이 생길 수 있다. 스트레스 수준이 너무 과도하지만 않다면, 그 스트레스를 경험함으로써 오히려 스트레스에 대한 내성(tolerance)을 키울 수 있다는 것이다.

6. 스트레스 대처 방식

1) 통상적인 대처 방식

(1) 포기하기

포기하기(giving up)는 우리가 감당하기 힘든 스트레스에 직면했을 때 가장 흔히 보이는 대처방법 중 하나다. 제2차 세계대전 중 나치 포로수용소에서 죄수들이 보이는 정서적 반응을 관찰한 결과, 일부 죄수들은 그들을 체포한 사람들에게 싸움을 걸었고, 일부는 살아남기 위해 간수들이 시키는 대로 열심히 일했다. 그러나 많은 다른 수감자들을 무감동한 상태로 있으면서 적응하고 생존하려는 노력을 포기한 채 죽어 갔다. Martin Seligman(1974)은 동물연구를 통해 이를 '학습된 무기력(learned helplessness)'이라고 명명하였다. 동물이든 사람이든 회피할 수 없는 고통스러운 사건들에 반복적으로 노출되면 수동적이고 무기력한 반응을 보인다는 것이다. 문제는 이 포기하려는 경향이 우리가 실제로는 무력해할 필요가 없는 상황들에까지 전이될 수 있다는 점이다.

(2) 공격 행동

우리는 도로상에서 매우 흔하게 추월시비로 인한 폭력 행동들을 목격한다. 이러한 추월시비 폭력사건들은 사람들이 공격 행동을 통해 스트레스에 반응한다는 사실을 알려 준다. 공격 행동에는 고함, 욕설, 모욕, 주먹다짐 등이 있으며, 더 극단적으로는 총격이나 살인까지도 포함된다. 물론 어떤 종류의 공격도 문제가 될 수 있다.

한편, 좌절감을 유발한 실제적인 원인 제공자에게 분노를 터뜨릴 수 없을 때 사람들은 직접적 원인 제공자가 아닌 제삼자에게 화풀이를 하는 경우가 있다. "종로에서 뺨 맞고 한강에서 화풀이한다."는 말처럼, 직장 상사에게 심한 모욕을 당한 남자가 그 자리에서는 아무렇지 않은 척하다가 집에 돌아와 가족들에게 괜히 화를 낼 수도 있다. 이렇듯 분노의 원인 제공자가 아닌 다른 사람에게 공격 행동을 하는 행위를 전위된 공격 행동(displaced aggression)이라 한다.

(3) 쾌락 추구

스트레스로 인한 괴로움에서 벗어나기 위해 음식을 먹거나 술, 담배, 쇼핑을 하는 것 등은 우리가 손쉽게 선택하는 스트레스 대처 방식이다. 이런 행동을 대안적 보상을 추구하는 행동으로 볼 수 있다. 즉, 마음먹은 대로 일이 진행되지 않아서 스트레스를 받으면 욕구를 만족시킬 수 있는 대체 활동을 시도한다는 것이다. 이러한 맥락에서 스트레스를 받으면 먹고, 담배를 피우며, 술을 마시는 행동이 증가한다는 사실을 결코 이상한 일이 아니다. 일상생활의 스트레스에 대처하는 방법으로서 대안적 쾌락을 추구하는 것 자체가 원래 부정적인 것은 아니다. 적절히 통제할 수만 있다면 여러 장점을 가질 수 있으며, 현실적으로도 유용한 대처 전략이 될 수 있다. 문제는 스트레스를 받을 때마다 습관적으로 폭음을 한다거나 물건을 사느라 돈을 다 써 버리는 경우일 것이다.

(4) 자신을 비난하기

스트레스에 대한 반응으로 부정적인 자기 말(negative self-talk)을 하거나 자책하기도 한다. 사람들은 종종 타당하지 않게 그들의 실패를 자신의 단점들 때문이라고 생각하고, 호의적인 피드백은 무시하는 반면 타인으로부터의 부정적 피드백에만 초점을 두며, 미래에 대해 부당하게 비관적인 투사를 하는 경향이 있다. 이처럼 우리가 자신의 문제점을 인정하는 것은 어느 정도 가치가 있을 수 있지만, 부정적인 자기 말은 대체로 비생산적인 경향을 갖는다. 결론적으로 이야기하면, 자기비난과 자기비판은 스트레스에 대처하는 유용한 방법이 아님이 분명하다.

2) 건설적인 대처 방식

어떠한 대처 전략도 항상 성공적인 결과를 보장할 수는 없다. 심지어 가장 건전한 대처반응이라고 생각되는 것조차도 어떤 경우에는 비효율적일 수 있다. 때문에 건설적 대처의 개념은 단지 건전하고 긍정적이라는 의미이지, 성공을 보장하는 것은 아니다. 다음의 내용은 전문가들 사이에 의견 일치를 보이고 있는 건설적 대처의 몇 가지 공통점들이다.

- 건설적 대처란 일반적으로 문제를 회피하기보다는 문제에 직면하는 것을 뜻한다. 이를 통해 문제를 해결하기 위한 여러 대안들을 합리적으로 평가하는 의식적 노력이 포함된다.
- 스트레스와 대처 자원들에 대한 합리적이고 현실적인 평가들에 근거를 둔다.
- 스트레스에 직면했을 때 잠재적으로 파괴적인 효과를 보일 수 있는 정서적 반응들을 인식하고 때로는 이를 효과적으로 억제하는 것에 대한 학습과정을 포함한다.
- 잠재적으로 해가 되거나 파괴적인 습관적 행동들에 대해 어느 정도 통제력을 발휘할 수 있는 것에 대한 학습을 포함한다.

(1) 건설적 대처 방식: 평가 중심적인 건설적 대처
동일한 사건을 겪고도 사람들이 느끼는 스트레스 정도는 각기 다를 수 있다. 스트레스와 관련된 사고방식이나 평가방식이 다르기 때문이다. 스트레스를 보다 효과적으로 다루기 위해, 스트레스의 부정적인 효과를 증폭시키는 부정적인 사고방식을 인식하고 이를 보다 합리적이고 유용한 방식으로 바꾸는 전략을 평가 중심적인 건설적 대처라고 한다. 대표적인 방법으로는 Ellis의 합리적−정서적 치료(Rational Emotive Therapy: RET)가 있는데, 간략히 소개하면 다음과 같다.

A (Activating Events)	불쾌한 감정을 유발한 촉발 사건을 찾는다.
B (Belief)	촉발 사건에 대한 나의 신념을 찾는다.
C (Consequence)	그 일을 겪고 난 결과를 찾는다.
D (Dispute)	나의 사고방식에 대해 논박한다. − 내가 갖고 있는 신념을 지지하는 증거가 있는가? − 다른 대안적인 해석(신념)을 무시하지는 않았나? − 그렇게도 끔찍한 일인가? − 지금의 생각과 행동이 내게 도움이 되는가?
E (Effect)	합리적인 신념으로 바꾸면 정서 상태가 달라지는 효과를 경험할 것이다.

(2) 건설적 대처 방식: 정서 중심적인 건설적 대처

평가나 문제 중심의 대처만으로는 부정적 감정을 효과적으로 완화할 수 없는 경우들이 있을 수 있다. 정서적 자극을 경감시키는 데 유용한 대처 기제를 개발하는 것 역시 효과적인 스트레스 대처에 매우 중요하다. 구체적인 대처 전략에는 대략 네 가지 정도가 있다.

① 억압된 정서의 발산

최근 연구 결과들에 따르면, 억압된 감정이나 생각을 언어화하는 것이 불안을 해소하고 다른 스트레스 관련 정서를 진정시키는 데 상당히 가치가 있다고 한다. 어려움에 처했을 때 실컷 울고 나면 감정이 정화되면서 마음이 편해지는 경험을 한 번쯤은 해 보았을 것이다. 결국 감정을 털어놓고 얘기를 잘 들어줄 사람을 찾을 수 있다면, 자신의 비밀스러운 두려움, 불행, 그리고 의심을 솔직한 대화를 통해 털어놓고 부정적인 감정에서 벗어나기가 보다 쉬울 것이다.

② 주의를 다른 데로 돌리기

스트레스를 받았을 때 겪는 부정적인 감정을 완화하는 한 가지 방법은, 다른 일을 생각하거나 다른 활동에 몰입해서 그 문제로부터 주의를 전환하는 것이다. 가령 영화를 보러 가거나 추리소설을 읽거나 테니스 모임에 나가는 것 등이다. 주의 집중을 요구하는 일, 몰두할 수 있는 활동을 하는 것이 이 전략을 사용하는 최선의 방법이다.

③ 이완훈련

많은 연구들에서, 체계적 이완훈련이 감정적 동요를 누그러뜨리고 문제가 될 만한 심리적 자극을 감소시킬 수 있음을 제안하였다. 한 연구에서는 이완훈련이 면역기능도 향상시킬 수 있음을 밝혀냈다.

④ 신체적 운동

신체 운동을 하게 되면 활동 수준이 의도적으로 증가되며, 이로 인해 무기력감이나 피곤함 등이 경감될 수 있다. 또한 운동은 대뇌의 생물학적인 변화를 일으킨다. 많은 사람들이 에어로빅 같은 운동을 하면 흥분 수준이 증가하면서도 더 침착해진다고 말한다. 이들이 말하는 편안하면서도 어느 정도는 흥분을 느낄 수 있는 상태는 엔도르핀과 노르에피네프린의 작용과 관련이 있다. 많은 연구자들은 운동을 하면 이 물질들의 분비가 증가된다는 사실을 확인했다.

1

시험을 준비하는 기본 자세

시험준비의
기본원칙

◎ **목 표**　시험은 대부분 피하고 싶어 하는 과정입니다. 평가를 받는다는 점에서 불안감이 유발될 수 있고 시험준비과정이 어렵고 힘들게 느껴질 수 있습니다. 하지만 어떻게 준비를 하는지에 따라 효과적으로 성취를 이룰 수 있으므로 이에 대해 살펴보는 시간입니다.

우리는 흔히 아주 힘들고 어려운 일을 '산고(産苦)'라고 하여 아이 낳는 일에 비유하곤 합니다. 지금이야 의학이 발전해서 산부인과에서 비교적 수월하게 아이를 낳고는 있지만, 과거에는 많은 엄마들이 아이를 낳다가 죽기도 하였습니다.

왜 갑자기 아이 낳는 이야기냐구요? 바로 시험 보는 일이 아이를 가지는 것만큼이나 힘든 일이라는 연구 결과가 있기 때문입니다. 미국의 홈스라는 사람은 평소 일상생활 속에서 받는 스트레스를 비교하는 기준으로 '사회재적응평가척도'를 만들었습니다. 여기서는 사람이 결혼할 때 받는 정신적 스트레스를 50으로 정해놓고 이 수치를 기준으로 다른 스트레스 유발 요인들의 강도를 지수화해 비교합니다. 우리나라에서는 이 척도에 따라 스트레스 순위를 실험한 결과 '입학시험, 취직시험 실패'가 스트레스지수 37을 기록해 22위에 오른 적이 있습니다. 시험실패가 주는 스트레스가 임신(37)과 강도가 같고 유산(38)이나 직업전환(43), 해외취업(39)과 엇비슷했습니다.

— 시험이 주는 스트레스는 왜 이렇게 엄청날까요? 우리나라에서의 시험은 실제로 내가 공부한 내용을 단순히 점검하는 정도일 뿐만 아니라 '그 사람이 어떤 사람인지 알려주는 잣대'이자 '인생의 성공 혹은 실패 여부'를 결정해줄 정도로 강력한 역할을 하기 때문입니다.

이렇듯, 시험이 주는 스트레스는 엄청난 데 비해, 여기에 어떻게 대처해야 하는지를 배우기는 쉽지 않습니다. 하지만 시험일지라도 잘 알고 대처하면 걱정을 줄일 수 있습니다. 함께 시험에 대해서 알아볼까요?

★ 이번 시간에 배울 내용

• 나에게 있어 시험이 의미하는 것은 무엇일까?   • 시험준비는 언제, 어떻게 해야 하는 것일까?

• 시험의 긍정적인 측면은 무엇일까?

시험 스트레스 확인해보기

A1
5m

● 다음은 내가 시험에 대해서 어떻게 생각하고 있는지 알아보기 위한 문항들입니다. 각 문항을 읽고 자신에게 해당되는 곳에 V표 하세요.

문 항	V표
1. 시험 전날 꾀병을 부린 적이 있다.	
2. 시험 주간만 되면 몸이 아프다(두통, 소화불량).	
3. 시험 성적이 두려워서 부모님에게 거짓말을 해본 적이 있다.	
4. 시험 성적을 친구들과 비교하면서 절망한 적이 있다.	
5. 아무리 노력해도 성적이 오르지 않아 너무 힘들다.	
6. 성적표 받아보는 게 끔찍하다.	
7. 시험 보는 게 너무 싫다.	
8. 시험 성적 때문에 죽고 싶은 생각을 해본 적이 있다.	

총 개수 :

● V 표시한 문항의 개수를 세어보세요. 여러분의 시험 스트레스는 어느 정도인가요?

(1~2개) ⟶ 시험에 대한 부담감이 적은 편이지만, 주의해야 합니다.

(3~4개) ⟶ 시험에 대한 부담감이 많은 편입니다.

(5~6개) ⟶ 시험에 대한 부담감이 심한 수준입니다.

(7~8개) ⟶ 시험에 대한 부담감이 극심한 수준입니다.

시험에 대한 나의 태도는?

| 목 표 | 시험에 대한 고정관념과 자신의 시험 태도를 확인하기 위한 장입니다. 솔직하게 응답하도록 유도하는 것이 좋습니다. 부정적인 답이 많을 가능성이 높으며, 그렇더라도 일단은 그냥 수용하시는 것이 좋습니다.

A2
15m

● '시험' 하면 제일 먼저 떠오르는 생각 혹은 느낌은 어떤 것이 있나요?

▶ 가능한 답변 예시
끔찍하다, 지옥 같다, 스릴 넘친다, 혼날까 봐 겁난다, 죽고 싶다 등

● 시험과 관련된 에피소드(episode)를 발표해봅시다.

tip 시험과 관련해서 재미있거나 기억에 남았던 개인적인 일화를 자유롭게 이야기합니다.

● 시험을 보는 이유와 시험을 통해 얻을 수 있는 것은 무엇이 있을까요?

| 유 의 점 | 시험의 긍정적인 측면을 생각해보게 하기 위한 질문입니다. 정답을 찾기보다는, 시험을 보는 의미를 스스로 찾아볼 수 있도록 지도해주세요.

나의 시험 경험은?

A3
10m

● **시험에서 <u>성공</u>했다고 여겼던 때는 언제인가요? 왜 그렇게 생각하나요?**

> ▶ **가능한 답변 예시**
> - 성공했다고 여긴 때 : 이전 시험에 비해 점수가 많이 올랐을 때
> - 그렇게 생각하는 이유 : 성적이 올라서, 등수가 올라서...

● **시험에서 <u>실패</u>했다고 여겼던 때는 언제인가요? 왜 그렇게 생각하나요?**

> ▶ **가능한 답변 예시**
> - 실패했다고 여긴 때 : 목표한 점수만큼 성적이 오르지 않았을 때
> - 그렇게 생각하는 이유 : 목표를 이루지 못해서...

| **유 의 점** | 실제 성패 경험과 성공/실패에 대한 개인적 판단기준은 무엇인지 확인해보는 시간으로 지도해주세요.

나에게 있어 시험이 의미하는 것은?

A4
10m

● 다음 질문에 ✓표 해보세요. 다 한 후, A 질문의 합과 B 질문의 합을 각각 더하여 가운데 표에 기록해보세요.

질문 A	✓표
보상을 받으니까(게임기, 최신 핸드폰, 용돈 등)	
남들에게 인정받기 위해	
누구보다 잘하지 못하면 창피하니까	
시험을 잘 보지 못하면, 무언가(핸드폰, PC게임 등)를 빼앗기니까	

질문 B	✓표
내가 모르는 부분이 어딘지 알 수 있으니까	
내가 얼마만큼 공부했는지 확인해볼 수 있으니까	
지난번 시험과 비교해서, 내가 어느 정도 나아졌는지 알기 위해	
내가 이번에 한 공부 전략이 효과가 있는지 확인해보기 위해	

> A, B 각각의 질문에 대한 합을 더하여 아래에 표시해봅시다.
  어느 쪽 점수가 더 높은가요?

A				B			
4	3	2	1	1	2	3	4

> A와 B 중에 어떤 사람이 더 시험 때 긴장하고 불안할까요?
  그 이유는 무엇일까요?

> A의 점수가 높은 사람들은 시험이 주는 의미가 외적인 이유에 의해 결정됨을 의미합니다. B의 점수가 높은 사람들은 시험이 주는 의미에 내적인 이유가 더 중요하게 작용함을 의미합니다. B의 점수가 더 높은 사람들이 시험에 대한 스트레스가 적습니다. 내적인 이유가 우세한 경우, 시험은 자신의 성장이나 스스로에 대한 확인 평가에 불과하지만, 외적인 이유가 우세한 경우, 주변 사람들의 시선을 의식하거나 시험을 보지 못하면 특권을 빼앗기는 등 불이익을 받기 때문입니다.

14

| 유의점 | 시험에 대한 태도를 내적 동기와 외적 동기로 나누어 확인하는 부분입니다. 내적 동기가 강할수록 불안감이 적고, 공부에 몰두할 수 있습니다. 두 가지 동기가 비슷할 수도 있으므로, 각각의 점수를 확인해보고, 그 이유를 적도록 유도하시면 됩니다.

평소 시험준비 기간 및 방법 정리

|목표| 일부 학생들은 2개월 혹은 그 이전부터 시험준비를 하기도 합니다. 너무 긴 기간은 긴장도를 떨어뜨리고, 너무 짧은 기간 준비하면 촉박하여 충분히 준비하지 못하게 됩니다. 자신의 준비 기간과 방법을 정리해보면서 가장 적당한 방식을 찾아보게 하는 것이 목적입니다.

● 준비 기간

중간고사나 기말고사와 같은 중요한 내신 시험 기준으로 어느 정도 기간을 가지고 시험을 준비하나요? 아래에 표시해봅시다.

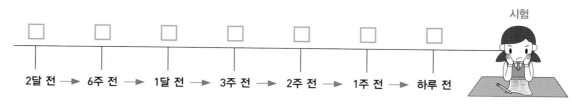

|유의점| 준비 기간의 길이와 그 시간을 어떻게 활용했는지를 알아보기 위함입니다. 자신에게 해당되는 부분에 체크하고 점검하도록 도와주세요.

● 준비 기간 평가

자신의 준비 기간이 적당한지 아닌지 아래 그림에서 골라보세요.

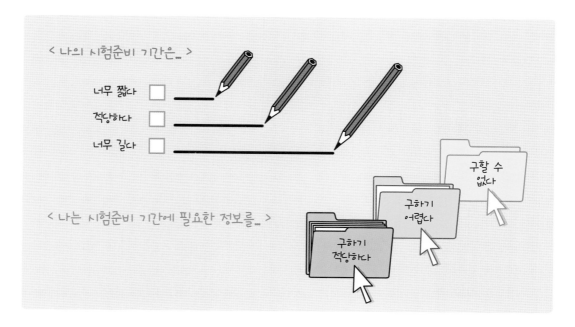

> 만일 준비 기간이 적당하지 않았다면, 앞으로는 어느 정도 기간이 좋을까요?

2~3 _____ 주

이전 시험성적 정리 & 성적 목표의 재설정

| 목표 | 일부 학생들은 성적 목표를 잡을 때 과도하게 높게 잡는 경향이 있습니다. 먼저 지금 나의 수준이 어떤지를 파악하여,
현실적으로 올릴 수 있는 점수는 어느 정도인가를 확인하도록 하는 것이 중요합니다.

높이 점프하려면 발 밑의 땅을 힘껏 디뎌야 합니다. 만일 발 밑에 무엇이 있는지 알지 못한다면 점프는커녕 그 자리에 넘어질 수도 있습니다. 지금 내가 서 있는 곳은 어디인지 먼저 정리해봅시다. 아래 빈칸에 과목명을 적고, 그 위에는 자신의 성적을 표시하여 그래프로 그려봅시다.

● **실제 나의 성적을 표시해봅시다.**

100						
90						
80						
70						
60						
50						
40						
30						
20						
10						
과목						

> 지난번 성적 평균 점수는? _____ 점

과목별 목표 설정, 과목별 학습전략의 수립

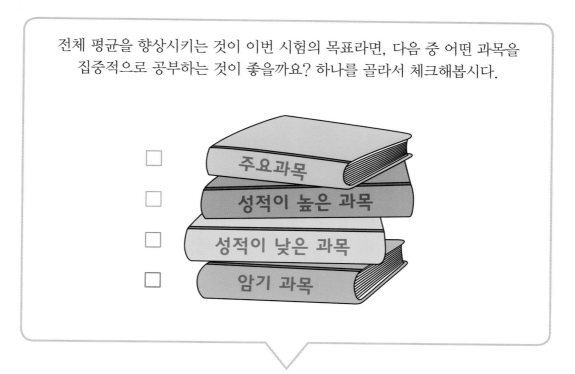

전체 평균을 향상시키는 것이 이번 시험의 목표라면, 다음 중 어떤 과목을
집중적으로 공부하는 것이 좋을까요? 하나를 골라서 체크해봅시다.

- ☐ 주요과목
- ☐ 성적이 높은 과목
- ☐ 성적이 낮은 과목
- ☐ 암기 과목

점수를 올리고 싶은 과목을 2~3 과목 정하고,
어떻게 공부하면 좋을지 공부방법까지 자세히 적어봅시다.

과목명	공부 방법
국어	- 중요하다고 말씀하신 교과서 부분 읽기 - 보충 교재에 나온 내용 암기하기, 문제집 풀이
수학	- 교과서 연습문제 풀기, 문제집 심화 문제 풀이하기 - 프린트에 나와 있는 예시문제, 공식 암기하기
사회	- 도표, 그래프 이해, 교과서 암기하기 - 문제집 2권 정해서 풀기

| 유 의 점 | 성적이 낮은 과목의 경우, 점수가 올라갈 수 있는 폭이 크므로 이런 과목들을 전략과목으로 선택하는 것이 좋습니다. 또한 성적이 낮고 자신 없는 과목은 평소에 계획적으로 공부하지 않으면, 시험기간에도 자꾸 미루게 됩니다. 단, 전반적으로 성적이 낮은 학생이라면 조금 이라도 자신 있고 흥미를 느끼는 과목을 먼저 공부할 것을 권합니다.

시험이 발표되면 해야 할 일 (시험 정보 모으기)

● **시험에 대한 정보탐색**

시험 기간에 꼭 알아두어야 하는 시험 관련 정보들은 무엇일까요?

- ● 시험범위는 어디까지인가?

- ● 시험범위 중 특별히 중요한 부분은 어디인가?

- ● 시험 문제 유형은 어떤가? (객관식, 단답형, 서술형)

- ● 총 몇 문제가 출제되는가?

- ● 한 문제에 몇 점씩인가?

- ● 어느 유형의 문제에 더 많은 배점이 주어지는가?

이러한 정보들 외에 또 시험에 관한 어떤 것들을 알고 있으면 좋을까요?

- ●
- ●

ex 〈시험 정보〉

일시	과목	시험범위	문제유형 및 배점	기타
첫째 날 (4월 31일)	1교시 : 국어	1단원 ~ 3단원 (총 100페이지)	단답식 20 (4점) 서술식 4 (5점)	
	2교시 : 기술 / 가정	2과 ~ 4과 (총 60페이지)	단답식 20 (4점) 서술식 4 (5점)	수행평가 10%
둘째 날 (5월 1일)	1교시 : 수학	pp. 1 ~ 66	단답식 20 (4점) 서술식 4 (5점)	
	2교시 : 한문	1과 ~ 5과 (총 20페이지)	단답식 20 (4점) 서술식 10 (2점)	
셋째 날 (5월 2일)	1교시 : 영어	1과 ~ 4과 (총 50페이지)	단답식 20 (4점) 서술식 10 (2점)	독해 10문제
	2교시 : 도덕	pp. 1 ~ 60	단답식 20 (4점) 서술식 4 (5점)	
넷째 날 (5월 3일)	1교시 : 사회	pp. 1 ~ 50	단답식 20 (4점) 서술식 4 (5점)	
	2교시 : 과학	pp. 1 ~ 50	단답식 20 (4점) 서술식 4 (5점)	

| 유 의 점 | 시험 준비 정보는 구체성과 정확성이 생명입니다. 구체적이고 정확하게 적도록 유도하셔야 합니다.
문제 유형이나 배점의 경우, 시험범위가 발표된 이후에 알 수 있다면, 나중에 채워 넣도록 지도합니다.

나의 시험 정보를 정리해봅시다!

〈시험 정보〉

일시	과목	시험범위	문제유형 및 배점	기타
첫째 날 (　월　일)	1교시			
	2교시			
	3교시			
둘째 날 (　월　일)	1교시			
	2교시			
	3교시			
셋째 날 (　월　일)	1교시			
	2교시			
	3교시			
넷째 날 (　월　일)	1교시			
	2교시			
	3교시			

시험준비 자료의 사용

● **시험준비를 할 때 가장 많이 사용하는 자료는 어떤 것인가요? 시험준비를 다 마친 상태가 100%라고 했을 때, 각각 몇 %씩 활용하는지 적어봅시다.**

*표시한 모든 내용을 다 합했을 때 100%가 되어야 합니다.

· 교과서	( )
· 내가 정리한 노트	( )
· 선생님이 나눠주신 프린트	( )
· 참고서	( )
· 문제집	( )
· 학원(또는 과외) 선생님의 최종 정리	( )
· 기타 ( )	( )
	100%

> 현재 내가 시험자료를 활용하고 있는 방식이 얼마나 효과적인가요?
> 그 이유는 무엇인가요?

시험준비 자료의 장점

시험준비 자료의 종류	구체적으로 기록해봅시다
선생님이 나눠주신 프린트	- 필기할 필요가 없어 편하다. - 선생님이 직접 요약하셨다.
내가 정리한 노트	선생님이 적어주지 않은 농담이나 수업 분위기, 수업표지판을 통해 짐작할 수 있는 나만의 예상 시험문제
교과서	기본 개념이 잘 설명되어 있고, 도표도 자세히 구성되어 있다.
참고서	자세한 설명이 보충적으로 설명되어 있다.
문제집	응용문제나 심화문제를 풀어볼 수 있다.
학원 선생님의 최종 정리	작년 우리 학교 문제를 풀어볼 수 있다.
기타 나만의 공부재료	- 요약지 : 공부한 내용을 혼자 정리해서 보기 편하다. - 나만의 예상 문제 : 나만 알고 있는 비법

> 우리 조원들이 제일 많이 활용하는 시험준비 자료는 무엇인가요?
> 반대로 제일 소홀한 시험준비 자료는 무엇인가요?
> 그 이유는 무엇일까요?

시험준비의 기본원칙

★ 우리는 시험을 볼 때 긴장하고, 걱정을 합니다. 긴장이나 걱정을 하게 되면 사람들은 여기에 대비하기 위해서 준비를 합니다. 다만, 시험준비 기간의 측면에서 볼 때 1달 이상이면 너무 길고, 1주 미만이면 너무 짧습니다. 그렇기 때문에 시험 정보 수집도 가능하고, 긴장감 있게 공부할 수 있는 ｜ 2 ｜ ～ ｜ 3 ｜ 주 전부터 준비하는 것이 중요합니다.

★ 시험을 준비할 때는 여러 가지 준비물들이 있습니다. 무엇을 가지고 공부를 하느냐 하면, 기본적으로는 ｜교｜과｜서｜, ｜노｜트｜, 선생님이 나눠주신 ｜프｜린｜트｜가 있으며, 추가적으로는 ｜참｜고｜서｜, ｜문｜제｜집｜, ｜오｜답｜노｜트｜를 가지고 준비하는 것이 좋습니다.

★ 시험준비를 할 때는 아래와 같은 내용을 알고 있는 것이 중요합니다.

- ｜시｜험｜범｜위｜는 어디까지인가?

- 시험범위 중 특별히 중요한 부분은 어디인가?

- 시험 문제 ｜유｜형｜은 어떤가? (객관식, 단답형, 서술형)

- 총 몇 문제가 출제되고, 문제당 배점은 어떻게 되는가?

- 어느 유형의 문제에 더 많은 ｜배｜점｜이 주어지는가?

시험 정보 모으기 양식 완성하기

공부 목표 ▶ 평균 ( )점에서 ( )점으로!		
과목	**내용**	**범위 & 방법**
과목 ( )	공부목표	( )점에서 ( )점으로
	공부재료	• 교과서 [pp. ~ pp.] • 노트 혹은 기타 [ ] • 참고서 [pp. ~ pp.] • 문제집 [pp. ~ pp.]
	방법	▶ ▶ ▶
과목 ( )	공부목표	( )점에서 ( )점으로
	공부재료	• 교과서 [pp. ~ pp.] • 노트 혹은 기타 [ ] • 참고서 [pp. ~ pp.] • 문제집 [pp. ~ pp.]
	방법	▶ ▶ ▶
과목 ( )	공부목표	( )점에서 ( )점으로
	공부재료	• 교과서 [pp. ~ pp.] • 노트 혹은 기타 [ ] • 참고서 [pp. ~ pp.] • 문제집 [pp. ~ pp.]
	방법	▶ ▶ ▶
과목 ( )	공부목표	( )점에서 ( )점으로
	공부재료	• 교과서 [pp. ~ pp.] • 노트 혹은 기타 [ ] • 참고서 [pp. ~ pp.] • 문제집 [pp. ~ pp.]
	방법	▶ ▶ ▶
과목 ( )	공부목표	( )점에서 ( )점으로
	공부재료	• 교과서 [pp. ~ pp.] • 노트 혹은 기타 [ ] • 참고서 [pp. ~ pp.] • 문제집 [pp. ~ pp.]
	방법	▶ ▶ ▶

반복, 분산 학습에 따른
시험계획 세우기

시험계획 세우기

◎ **목 표**　비교적 짧은 시간 동안 최대한의 성과를 내기 위해서는 시험기간에 시간과 노력이라는 자원을 최대한 효과적으로 사용해야 합니다. 많은 학생들이 평소에 미리미리 시험공부를 해야 한다고는 생각하지만, 생각만으로는 도움이 되지 않습니다. 평소 시험을 대비하는 데 있어, 자신의 문제점이 무엇인지 돌아보고 구체적인 방법을 배워 실천한다면 효과적으로 시험에 대비할 수 있을 것입니다. 이번 시간에는 시험계획을 효과적으로 세우는 방법을 알아보고 적용해보는 시간을 갖습니다.

여러분은 '시험'하면 무엇이 떠오르나요?

맞서 싸워야 할 적인가요? 아니면 도망치고 싶은 무서운 존재인가요? 나의 실력을 테스트해볼 수 있는 재미있는 게임인가요?

아무래도 시험은 즐겁기보다는 어렵고 힘들게 느껴지는 친구들이 많을 거예요. 시간은 부족하고 공부할 과목은 산더미처럼 몰려오고, 마치 전쟁터에 내몰린 것 같은 기분이 든 적도 있을 텐데요. 입시전쟁이라고 불릴 만큼 치열한 우리나라의 교육 현실 속에서 시험은 마치 전쟁 같고, 시험 보러 갈 때는 비장한 각오로 임하게 되곤 합니다.

전쟁, 그중에서도 해전에서 유명한 이순신 장군의 명량대첩 이야기를 들어본 적이 있을 겁니다. 명량대첩은 1597년(선조 30년) 9월 정유재란 때 조선 수군 13척이 명량에서 일본 수군 133척을 쳐부순 해전입니다. 이 싸움으로 조선은 일본으로부터 다시 해상권을 회복할 수 있었죠. 어떻게 이렇게 적은 병력을 가진 불리한 상황에서 일본군을 크게 무찌를 수 있었을까요?

신에게는 아직
전선 열두 척이
남았나이다

바로 이순신 장군의 전략과 전술이 있었기 때문이었습니다. 이순신 장군은 1:10의 열세를 극복하기 위해서 바다와 육지가 맞닿은 좁은 해협으로 일본군을 끌고 옴으로써 상대의 힘을 축소시키고, 유인하여 함포 공격을 퍼부었습니다. 그 결과 조선 수군은 단 1척도 피해를 입지 않았고, 전사자 2명과 부상자 2명만 발생했을 뿐이었습니다.

─   그럼 전쟁과 같은 시험, 도대체 어떻게 준비해야 할까요? 전쟁에도 전략과 전술이 필요하듯이 시험도 무작정 준비하는 것이 아니라, '시험'을 제대로 대비하기 위한 전략과 전술이 필요합니다. 시험은 어떻게 준비하고 계획해야 할지 지금부터 알아보도록 합시다.

★ 이번 시간에 배울 내용

• 시험계획은 어떻게 세우는 것일까?   • 반복학습과 분산학습은 무엇일까?

• 공부 분량은 어떻게 나누는 게 좋을까?

나의 시험보기 요령 지수는?

A1
5m

● 다음은 나의 시험보기 요령을 알아보기 위한 문항들입니다. 각 문항을 읽고 자신에게 가장 적합하다고 생각되는 곳의 해당 번호에 ∨ 표 하세요.

문 항	∨ 표
1. 시험범위와 시험 날짜에 대해 정확히 알고 있다.	
2. 항상 시험 계획을 꼼꼼히 세운다.	
3. 어떤 문제가 시험에 나올지 대충 예상할 수 있다.	
4. 시험 볼 때 최선을 다한다.	
5. 시험 볼 때 실수하지 않는다.	
6. 시험 전에 제대로 공부했는지 확인하기 위하여 문제 풀이를 꼭 해본다.	
7. 시험 볼 때 시간에 쫓기지 않는다.	
8. 시험이 끝나면 틀린 문제가 무엇인지 반드시 확인한다.	

총점 :

● 체크된 항목 모두 각각 1점으로 계산해서 총점을 내보세요.

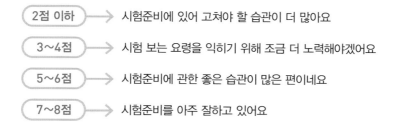

2점 이하 ➞ 시험준비에 있어 고쳐야 할 습관이 더 많아요

3~4점 ➞ 시험 보는 요령을 익히기 위해 조금 더 노력해야겠어요

5~6점 ➞ 시험준비에 관한 좋은 습관이 많은 편이네요

7~8점 ➞ 시험준비를 아주 잘하고 있어요

나의 시험공부 스타일은?

| 목 표 | 평소 자신이 시험을 준비하는 태도와 방법에 대해 알아볼 수 있는 시간입니다. 작성 후 친구들과 비교해봄으로써 사용방법의 장단점을 생각해볼 수 있고, 다른 친구들의 좋은 점을 보고 배울 수 있습니다.

● **여러분은 평소 시험공부를 어떤 식으로 하나요?**

계획은 어떻게 세우는지, 실천은 잘되는지, 나만의 시험 준비 비법은 무엇인지 등을 아래에 구체적으로 적어봅시다. 다 적은 후, 친구들이 하고 있는 것과 어떻게 다른지 비교해봅시다.

나의 시험공부 방법은?

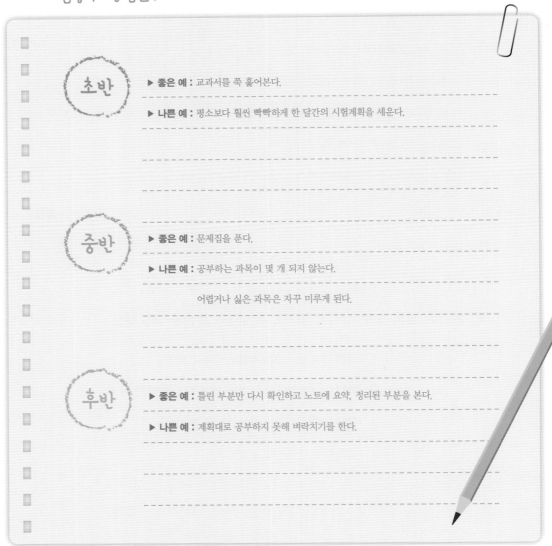

초반
▶ **좋은 예 :** 교과서를 죽 훑어본다.
▶ **나쁜 예 :** 평소보다 훨씬 빡빡하게 한 달간의 시험계획을 세운다.

중반
▶ **좋은 예 :** 문제집을 푼다.
▶ **나쁜 예 :** 공부하는 과목이 몇 개 되지 않는다.
    어렵거나 싫은 과목은 자꾸 미루게 된다.

후반
▶ **좋은 예 :** 틀린 부분만 다시 확인하고 노트에 요약, 정리된 부분을 본다.
▶ **나쁜 예 :** 계획대로 공부하지 못해 벼락치기를 한다.

시험계획을 잘 세우기 위한 전략 – 분산학습

| 목 표 | 시험계획을 세울 때 유의할 점인 두 가지 원칙–분산학습, 반복학습–에 대해 알아보고 그것이 중요한 이유와 적용방법에 대해서 충분히 이해할 수 있도록 지도해주십시오.

여러분은 시험이 다가오면 어떻게 시험준비 계획을 세우나요?

계획을 제대로 세워놓지 않으면 '벼락치기'를 하게 되어 결과도 만족스럽지 못할 뿐 아니라, 시험에 대한 스트레스도 많이 받게 됩니다. 그럼 지금부터 시험계획을 효과적으로 세울 수 있는 전략에 대해서 알아봅시다.

시험공부를 할 때는 꼭 잊지 말아야 할 원칙 두 가지가 있습니다.

● **분산학습**

분산학습은 <u>한 번에 몰아서 하지 않고 나누어서 공부하는 것</u>을 의미합니다. 예를 들어, 하루에 한 과목의 시험공부를 모두 끝내려는 것은 몰아서 공부하기에 해당됩니다. 벼락치기가 바로 그런 거겠죠. 그럼, 왜 몰아서 하는 것보다 나누어서 공부하는 것이 좋을까요?

> 한 번에 많은 양을 공부하면 집 중 력 이 떨어지기 때문입니다.

운동을 할 때, '오늘은 팔운동만 해야지.' 하고 계속해서 팔만 사용하면 얼마 못하고 지치게 되듯이, 비슷한 내용을 오랜 시간 붙들고 있으면 뇌가 훨씬 쉽게 피로해집니다. 수학을 일정 시간 공부하고 잠시 쉰 다음 국어를 공부하고, 그다음에는 과학을 공부하는 식으로 서로 성질이 다른 과목을 골고루 섞어서 공부하면 같은 양이라도 훨씬 잘 집중할 수 있습니다.

> 몰아서 공부하면 기 억 이 잘되지 않기 때문입니다.

하루 세 끼에 나누어 먹어야 할 음식을 한 번에 먹게 되면 소화가 되지 않듯이, 한 번에 많은 양의 정보가 머릿속에 들어오면 장기기억으로 넘어가지 않습니다. 자주자주 나누어 넣어줘야 알맞게 소화할 수 있습니다.

| 유 의 점 | 내용이 어렵거나 공부해야 할 분량이 많은 경우 분산학습의 원칙을 적용해 시험계획을 세우도록 해야 합니다.

시험계획을 잘 세우기 위한 전략 – 반복학습

● **반복학습**

반복학습은 <u>같은 내용을 여러 번 공부하는 것</u>을 말합니다.

> 분산학습이 공부의 '양'에 대한 것이라면 반복학습은 공부의 횟 수 에 대한 것입니다. 한 번 공부한 내용은 시간이 지나면 조금씩 머릿속에서 사라집니다.

> 오래 기억할 수 있는 유일한 방법은 공부한 내용이 사라지기 전에 다시 반 복 하면서 기억을 단단하게 다지는 것입니다.

> 적어도 3 번 정도는 반복해서 공부해야 외우려는 내용들이 안전하게 시험 때까지 머릿속에 남게 됩니다.
> 또 이렇게 공부하면 시험이 끝난 후에도 기억할 수 있습니다.

분산학습과 반복학습, 이 두 가지 학습원리를 잘 지켜 시험계획을 세운다면, 좋은 결과를 얻을 수 있을 것입니다.

| 유 의 점 | 외워야 할 내용이 많거나 헷갈리는 내용이 많을 경우 더더욱 중요한 원칙이 반복학습입니다. 주의해야 할 점은 반복을 하다 보면 '내가 잘 모르는 것은 중요하지 않은 것'이라는 착각이 들기도 한다는 것입니다. 따라서 반복을 할 때는 자신이 아는 것만 반복하지 않도록 지도해 주십시오.

반복학습, 분산학습을 적용해서 계획을 세워보자!

T1
10m

● **그럼 앞에서 살펴본 반복학습과 분산학습을 적용해서 간단한 연습을 해봅시다.**

예를 들어, 6일 후에 사회와 국어 시험이 있다고 가정해봅시다. 시험범위가 각각 90쪽이라면 어떻게 시험계획을 세워야 할까요? 아래 표에 한번 만들어봅시다.

첫째 날	둘째 날	셋째 날
사회 앞 30쪽 국어 앞 30쪽	사회 중간 30쪽 국어 중간 30쪽	사회 뒤 30쪽 국어 뒤 30쪽

넷째 날	다섯째 날	D-1
사회 전반 45쪽 국어 전반 45쪽	사회 후반 45쪽 국어 후반 45쪽	사회, 국어 최종정리

시험

| 유의점 | 위 예시는, 한 과목을 다 끝낸 후 다음 과목을 공부하는 방식이 아닌 하루에 두 과목을 같이 병행해서 공부함으로써 분산학습의 원칙을 적용한 것입니다. 또한 3일 동안 시험범위를 한 번 끝낸 후, 나머지 2일 동안 다시 한 번 복습하도록 계획을 세워, 반복학습의 원칙을 적용하였습니다.

분산학습, 반복학습의 원리를
효과적으로 적용한 시험준비 계획

C2
10m

6 : 3 : 1 전략

시험일까지 남아 있는 기간을 6:3:1의 비율로 나누어 준비하는 것을 의미합니다.

우선, 시험 보기 전날에는 최종정리를 하는 시간을 가져야 합니다. 따라서 시험 보기 전날까지는 시험범위 전체를 두 번 정도는 볼 수 있도록 시험계획을 세우는 것이 좋습니다. 아래 예시와 같이 처음에 최종정리 계획을 시험 보기 전날에 세웁니다. 그리고 6:3:1 정도의 비율에 맞춰서 시험범위 전체 공부하기와 한 번 공부한 것을 반복하도록 시험계획을 세웁니다.

1			2		3	
첫째 날	둘째 날	셋째 날	넷째 날	다섯째 날	D-1	
사회 앞 30쪽 국어 앞 30쪽	사회 중간 30쪽 국어 중간 30쪽	사회 뒤 30쪽 국어 뒤 30쪽	사회 전반 45쪽 국어 전반 45쪽	사회 후반 45쪽 국어 후반 45쪽	사회, 국어 최종정리	시험

| 유 의 점 | 6:3:1 전략은 시험 보기 전까지 남아 있는 기간을 6:3:1의 비율로 나누어 시험계획을 세우고 준비하는 학습전략입니다.
앞에서 배운 분산학습, 반복학습의 원칙을 적용하여 각각의 비율과 시기에 맞는 공부방법으로 시험계획을 세우면 됩니다.
비율에 따른 공부방법은 다음 페이지를 참고하세요.

| 목표 | 평소 시험기간에 나의 모습이 어땠는지 자유롭게 떠올려보고 작성하게 합니다. 자신의 습관과 행동에 대해 잘잘못을 가리기보다는 되돌아보고 인식하게 하는 것이 목적입니다. 시험기간에는 학교에서 시험이 일찍 끝나다 보니 주어진 시간이 많지만 오히려 낭비하는 시간이 많을 수 있으므로 효율적으로 쓸 수 있도록 미리 계획하는 것이 필요합니다. 시험기간에 다음 시험준비를 위해서 가장 중요한 것은 새로운 것을 공부하기보다는 핵심내용을 복습하거나 오답노트를 확인하는 등 최종점검을 하는 것입니다. |

● 그렇다면 6 : 3 : 1의 기간 동안에 각각 어떤 방법으로 공부하는 게 효과적일까요?

시험 전 남아 있는 기간	해야 할 일	공부 재료	공부방법
60%	시험범위 전체를 정리하여 요 약 및 정 리 를 한다.	1 노트 2 교과서 3 프린트 4 참고서	정독하기, 이해하기, 요약하기
30%	요약 및 정리된 문서를 다시 읽고, 암 송 하고 문 제 풀 이 를 한다.	1 문제집 2 참고서 3 기출문제	문제풀이, 오 답 노 트 만들기
10%	암송 및 암기 최종 확인, 오답 중 이해 못한 부분 다시 정리	1 정리한 노트 2 오답노트	틀린 부분이나 중요한 부분만 확인하기, 암송하기

과목을 나누는 방법

C3
10m

● 어떤 과목부터 먼저 공부하는 게 좋을까요?

"주요과목 & 암기과목 배치"

주요과목은 다른 과목에 비해 성적에 반영되는 비중도 높고 분량도 많으니까 준비기간을 더 길게 잡아야 할 것 같아. 그러니까 암기과목보다 주요과목을 먼저 공부하는 것이 좋다고 생각해.

"어려운 과목 & 쉬운 과목"

어려운 과목을 공부할 때 시간이 더 오래 걸리잖아. 쉬운 과목부터 공부하면 나중에 어려운 과목 공부할 시간이 부족해져. 충분히 시간이 있어서 마음이 편할 때 어려운 과목부터 공부해야지~

"시험 보는 날의 순서를 고려"

시험일정에 따라서 공부순서를 정하는 게 좋은 것 같아. 먼저 시험 보는 과목들부터 공부하는 거지. 그러면 실제로 시험 보는 일정과 비슷한 순서로 공부하니 더 기억도 잘 날 테고, 뒤에 보는 과목들은 시험기간에도 공부할 시간이 있어서 벼락치기 안 하고 반복해서 볼 수 있잖아.

● 나에게 맞는 방법은 어떤 것인가요? 그 이유는?

| 유의점 | 각자 자기에게 맞는 방법으로 과목을 나누어 시험계획을 세우도록 합니다. 단, 그렇게 선택한 이유가 타당한지 확인해야 합니다.

시험계획 짜기 실습

T2
25m

지금까지 배운 **6** : **3** : **1** 원칙과 공부방법을 바탕으로 실제로 계획을 세우는 연습을 해봅시다. 만일 시험과목과 범위가 아래와 같다면 어떻게 계획을 세워야 할지 생각해봅시다.

시험 일정표	• **첫째 날** : 국어, 사회 • **둘째 날** : 영어, 수학
시험과목 및 범위	• **국어** : 1단원 ~ 3단원 / pp. 1 ~ 90 • **수학** : 1단원 ~ 2단원 / pp. 1 ~ 60 • **영어** : 1단원 ~ 3단원 / pp. 1 ~ 90 • **사회** : 1단원 ~ 3단원 / pp. 1 ~ 60

| **유 의 점** | 한 과목씩 배치하되, 시험범위 전체를 한꺼번에 공부하지 않고 나눠서 공부할 수 있도록 계획을 세우는 것이 좋으며(분산학습), 6의 기간, 3의 기간, 1의 기간에 각각 1번씩 공부하여 총 3번 복습할 수 있도록 계획합니다(반복학습). 학생들이 스스로 분량을 나누고 계획을 세워볼 수 있도록 직접 해보게 하는 것이 중요합니다.

● **교재 뒷면에 있는 스티커를 활용해서 아래 제시된 계획표에 계획을 세워 붙여봅시다.**
공부 범위가 씌어져 있지 않은 스티커에는 괄호에 직접 작성해도 됩니다.

*색깔별로 나뉜 부분은 각각 6의 기간, 3의 기간, 1의 기간을 의미합니다.

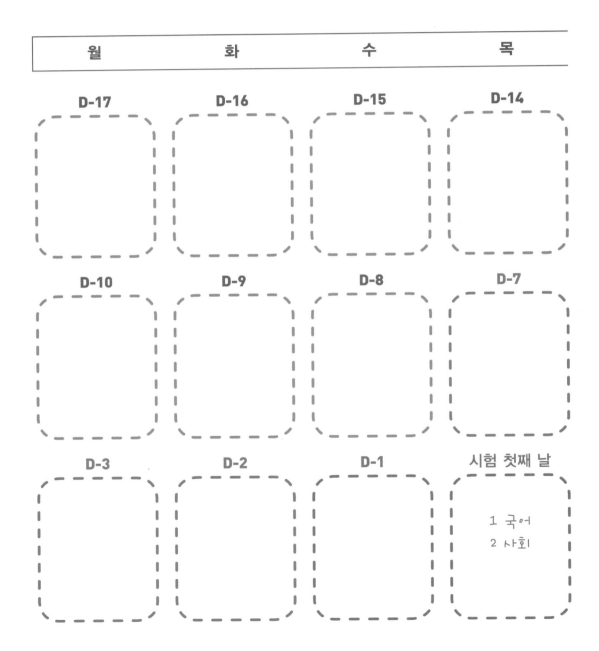

월	화	수	목
D-17	D-16	D-15	D-14
D-10	D-9	D-8	D-7
D-3	D-2	D-1	시험 첫째 날 1 국어 2 사회

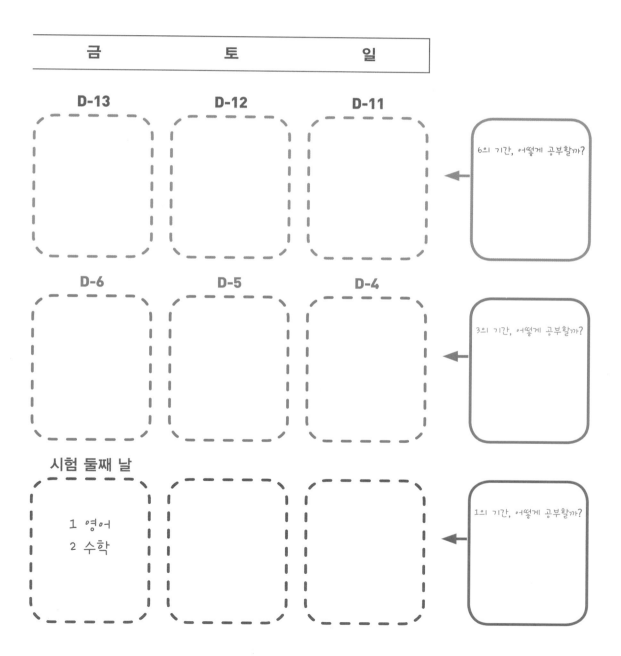

금	토	일
D-13	**D-12**	**D-11**

6의 기간, 어떻게 공부할까?

D-6	**D-5**	**D-4**

3의 기간, 어떻게 공부할까?

시험 둘째 날		
1 영어 2 수학		

1의 기간, 어떻게 공부할까?

계획이 밀렸을 때의 대처방법

T3
15m

● **나의 경우, 계획이 밀리는 이유는 무엇인가요?**

> ▶ **가능한 답변 예시**
> - 한 번 계획이 밀리다 보니 계속 밀려 결국 포기하게 됐다.
> - 처음부터 지킬 수 없는 무리한 계획을 세웠다.

● **계획이 밀렸을 때의 해결방법**

그럼 이런 경우에는 어떻게 대처하는 것이 좋을까요?

실패하는 이유		해결방법
무리한 계획을 세우는 경우	>	시간 계획을 세우기 전에 자신이 시간을 어떻게 사용하고 있는지 확인해보고, 평소 자신의 공부량, 집중 정도, 학업 성취 수준을 고려하여 자신에게 맞는 계획을 세운다.
세운 계획을 잊어버리는 경우	>	시간표를 눈에 잘 띄는 곳에 붙여두거나, 다른 가족들에게 시간표를 공개해서 도움을 받는다.
집중도가 떨어지는 경우	>	- 공부를 시작하기 전에 집중에 방해가 되는 휴대폰, MP3 등은 치우고 공부 환경을 점검한다. - 좋아하는 TV 프로그램이 하는 시간, 가족이나 친구들이 많이 모이게 되는 시간대를 피해서 계획을 세운다.
시험계획이 밀려서 못한 부분의 분량이 너무 많은 경우	>	시험계획이 밀리면 못한 부분까지 한꺼번에 다 하려고 하지 말고 오늘 계획 부분부터 해 나간다.
그 외 다른 경우	>	

시험계획 세우기

★ 시험계획을 세울 때는 반 복 학습과 분 산 학습의 전략을 사용합니다.
분산학습은 한 번에 몰아서 하지 않고 나누어서 공부하는 것을 의미하며,
반복학습은 같은 내용을 여러 번 공부하는 것을 말합니다.

★ 시험계획은 2 ~ 3 주 정도 전에 미리 체계적으로 세우는 것이 효과적입니다.
분산학습과 반복학습의 원리를 적용하여 시험 시작일까지 남아 있는 기간을
6 : 3 : 1 의 비율로 나누어 준비하는 방법을 쓸 수 있습니다.

★ 시험계획이 자꾸 밀릴 때는 실 패 원 인 에 대해 먼저 살펴보아야 합니다.
계획을 실천하는 데 자꾸 실패하게 되는 주된 원인들로는 무리한 계획을 세우는 경우,
세운 계획을 잊어버리는 경우, 집중도가 떨어지는 경우, 시험계획이 밀려서 못한 부분의
분량이 너무 많은 경우 등이 있습니다.

★ 시험계획을 잘 실천할 수 있도록 자신에게 맞는 정확한 목 표 를 정하는 것이
중요하고, 잊어버리지 않도록 시간표를 눈에 잘 띄는 곳에 붙여두거나, 다른 가족들에게
시간표를 공개해서 도움을 받는 것이 도움이 됩니다. 또한 집중이 잘되는 공부환경을
만드는 것이 중요합니다. 만약 시험계획이 밀리면 못한 부분까지 한꺼번에 다 하려고
하지 말고 오늘 계획 부분부터 해 나가는 것이 좋습니다.

과 제

시험계획 세우기

– 여러분이 앞두고 있는 실제 시험에 맞추어 정리한 시험일정표를 보면서 아래 주어진 달력에 옮겨봅시다.
우선 시험 보는 날짜를 표시하고 6 : 3 : 1의 전략에 맞추어 반복학습을 할 수 있도록 시험계획을 세워봅시다.

MON		TUE		WED		THU		FRI		SAT		SUN	
월	일	월	일	월	일	월	일	월	일	월	일	월	일

MON		TUE		WED		THU		FRI		SAT		SUN	
월	일	월	일	월	일	월	일	월	일	월	일	월	일

MON		TUE		WED		THU		FRI		SAT		SUN	
월	일	월	일	월	일	월	일	월	일	월	일	월	일

– 이제까지 세운 계획은 시험을 준비하기 위한 커다란 전략과 지침에 해당됩니다.
이제 남은 일은 '언제, 무엇을, 얼마나' 할 것인지를 정확하게 기록하는 것입니다.
시험 보는 주에 해당되는 일일계획표에 그날그날 해야 할 시험범위를 시간대에 맞게 꼼꼼히 기록해봅시다.

3

시험불안 감소전략

◎ **목 표**　많은 학생들은 지금까지 여러 번 시험을 경험했음에도 불구하고, 시험에 대한 막연한 두려움이나 불안감을 갖고 있습니다. 특히 시험불안이 큰 학생들의 경우 시험 준비를 충실히 했음에도 불구하고 시험을 망칠지 모른다는 염려와 긴 장감으로 인해 크게 스트레스를 받거나 자신의 실력을 잘 발휘하지 못하는 경우가 있습니다. 이번 시간에는 이러한 시험불안 을 효과적으로 다스리는 방법과 시험에서 실수하지 않는 요령을 살펴보도록 하겠습니다.

"저는 시험 보기 일주일 전부터 불안해져서 신경이 날카로워져요.
그리고 시험을 볼 때 너무 긴장해서 기억이 하나도 안 날 것 같아 불안해요.
공부를 잘하는 아이들을 보면 긴장을 하나도 안 하는 것 같은데, 너무 부러워요."

–　여러분 중에도 이처럼 시험을 앞두고 불안하고 초조해서 공부가 잘되지 않는 친구가 있나요?
혹은 꼭 시험 기간만 되면 몸이 아픈 친구들이 있나요? 걱정을 넘어서 시험에 대해 공포감을 느끼는
경우도 있을 것입니다.

시험불안이 높은 학생들은 시험을 준비하는 동안 큰 스트레스를 경험할 뿐만 아니라 시험결과도 평
소 실력보다 좋지 않은 경우가 많습니다.

실제로 시험불안 정도와 수능 성적 간의 관계를 조사한 한 연구 결과 시험불안이 높은 학생의 점수
가 그렇지 않은 학생보다 평균 9점 정도 낮은 것으로 나타났습니다. 1~2점으로 당락이 결정되기도
하는 중요한 시험에서 시험불안으로 인해 자신의 실력을 충분히 발휘하지 못한다면 정말 속상한 일
일 것입니다.

물론 시험을 앞두고 불안감을 느끼는 것은 당연한 현상이기 때문에 시험불안을 무조건 나쁜 것이라
고 볼 수는 없습니다. 그러나 지나친 불안감으로 인해 집중력, 기억력, 판단력 등에 어려움이 생길
수 있으므로, 이번 시간에는 이러한 시험불안을 다스리는 방법에 대해서 알아보도록 하겠습니다.

★ 이번 시간에 배울 내용

• 시험불안이란 무엇인가? 　　　　　　　　　• 시험불안에 대처하는 방법은 무엇일까?

• 불안을 일으키는 생각은 무엇일까?

나의 시험불안 정도는?

A1
5m

● **아래의 문항들을 읽고 나에게 해당되는 것에 ∨표 하세요.**

문 항	∨표
1. 시험 보기 전이나 시험 보는 중에 손바닥이 땀에 젖는다.	
2. 시험 보는 동안 가끔 시야가 흐려진다.	
3. 시험 볼 때, 심장 박동이 빨라지는 것이 느껴진다.	
4. 나는 열심히 공부하지만 시험을 잘 치르지는 못한다.	
5. 시험 중에도 다른 학생보다 내가 얼마나 못 볼지에 대해 걱정한다.	
6. 시험 보는 중에 내가 답할 수 없었던 시험문항에 대해 생각한다.	
7. 시험 보는 중에도 나쁜 결과가 나올 것에 대해 걱정한다.	
8. 시험 볼 때, 불안하고 초초하다.	

총점 : _____

● **체크된 항목 모두 각각 1점으로 계산해서 총점을 내보세요.**

1~2점 → 시험을 앞두고 적당한 긴장감을 느낍니다.

3~4점 → 시험에 대한 긴장감이 다소 많은 편입니다.

5~6점 → 시험에 대한 긴장감이 많은 편입니다.

7~8점 → 시험불안일 가능성이 있습니다.

| 유의점 | 시험불안의 정도를 간단히 점검하는 문항들로, 현재 자신의 시험불안이 어느 수준인지 확인할 수 있습니다.
여기에서 매우 높은 점수를 받은 학생이나, 평소 시험에 대한 과도한 스트레스나 불안감을 호소하는 학생의 경우 전문가에게 정확한
진단과 치료를 받도록 하는 것이 바람직합니다.

시험불안이란?

A2
15m

● 지금까지 시험을 여러 번 치렀음에도, 시험만 다가오면 불안해서 공부에 집중하지 못하거나 시험을 망치는 경험을 하기도 합니다. 여러분의 경우는 어떤가요?

> ▶ **가능한 답변 예시**
> - 공부를 한 내용인데 시험지만 받으면 머릿속이 하얗게 된다.
> - 시험기간이 다가올수록 불안해서 공부에 더 집중이 안되고 잘 외워지지도 않는다.

● **불안할 때 우리는?**

불안할 때, 특히 시험공부를 하는 동안이나 시험 중에 불안하면 어떤 모습으로 나타날까요? 빈칸에 각각 적어봅시다.

몸(신체)의 변화
▶ **가능한 답변 예시** - 식은땀, 두통, 소화 불량

주로 드는 생각
▶ **가능한 답변 예시**
- 또 망칠 거야.
- 이번 시험은 제대로 준비하지 못했어.
- 시험을 못 봐서 혼날 것 같아.

행동의 변화
▶ **가능한 답변 예시**
- 안절부절못함
- 괜히 짜증을 냄
- 잠을 많이 잠

주로 느끼는 감정
▶ **가능한 답변 예시** - 불안, 초조, 짜증, 우울

| 유 의 점 | 불안이라는 증상은 감정만으로 표현되는 것이 아니며, 신체적 증상, 행동, 감정, 생각 등과 같이 다양한 형태로 드러나게 됩니다. 청소년기의 학생들은 자신의 감정 상태나 그 기저에 있는 사고, 신념에 대해서는 잘 인식하지 못하고 있는 경우가 많으며 그보다는 신체적 증상이나 행동을 통해서 정서 상태가 표출됩니다. 따라서 아이들이 쉽게 인지할 수 있는 신체적 증상이나 행동을 먼저 탐색한 후 그에 따르는 감정과 생각을 찾아보도록 하는 것이 도움이 됩니다.

적당한 긴장의 중요성

시완이는 지금 노래 오디션을 앞두고 있습니다. 앞에서 잘하는
참가자들을 보니 긴장이 되나 봅니다. 우리의 마음 상태에 따라
수행 결과는 어떻게 달라질까요? 다음 보기 중에서 골라봅시다.

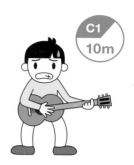

C1
10m

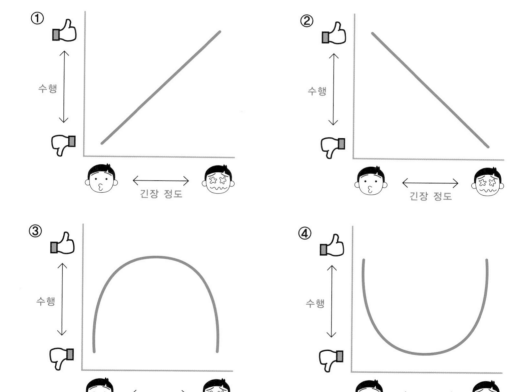

> 왜 그럴까요?

정답은 3번으로, 에르크스와 도드슨의 긴장에 관한 뒤집힌 U 이론을 나타내는 그래프입니다.
그래프를 살펴보면, 긴장수준이 너무 낮으면 수행을 잘 못하고 긴장수준이 어느 정도까지 올라가면 수행도 따라서 좋아짐을
알 수 있습니다. 그러나 긴장이 중간 수준을 넘어가면 다시 수행 정도가 낮아지는 것을 확인할 수 있습니다. 시험을 앞두고
얼마간의 불안을 경험하는 것은 자연스러운 일이며, 시험을 준비하는 데에도 긍정적인 영향을 미칩니다. 그러나 정도가 지나치면
오히려 시험준비와 결과에 부정적인 영향을 미치게 됩니다.

불안을 일으키는 생각 바꾸기

| 목 표 | 시험에 대해 극심한 불안을 느낀다면 이는 대부분 시험에 대해 '불안을 느낄 만한' 어떤 생각을 하고 있기 때문입니다.
이처럼 우리의 생각과 감정과 행동은 서로 밀접하게 연관되어 있으며 서로 영향을 주고받는다는 것을 학생들이 충분히
이해할 수 있도록 설명해줍니다.

● 생각에 따라 변하는 감정

다음 그림을 보고 같은 상황에서 1번처럼 생각할 때와 2번처럼 생각할 때 어떤 차이
가 있는지 살펴봅시다. 결과는 어떻게 달라졌나요?

시험기간이라 독서실에 가는 중...

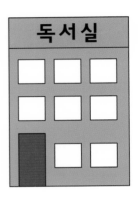

● **생각, 감정, 행동의 삼각관계 (생각 → 감정 → 행동 → 생각)**

우리의 감정과 행동은 생각의 영향을 받게 됩니다. 앞의 예시처럼 같은 상황에서도 어떻게 생각하는지에 따라 뒤따라오는 감정과 행동은 달라질 수 있습니다. 내가 다음 상황에 처해 있다면, 어떤 생각이 들어갈 수 있을지 빈칸에 한번 채워봅시다.

시험공부를 하는데 모르는 내용이 너무 많다.

❶ ▶ 답변 예시
어차피 난 못할 거야.
지금 해봤자
소용없어.

❷ ▶ 답변 예시
모르니까 공부하는 거지.
아는 부분부터 조금씩
하면 될 거야!

좌절감에 포기한다.

더 의욕적으로 노력한다.

시험불안 줄이기 — 생각 바꾸기

| 목표 | 시험불안과 같은 부적응적이고 불편한 감정들은 개인의 비합리적인 믿음에 기초하고 있습니다. 때문에 자신이 갖고 있는 시험에 대한 부정적이고 비합리적인 믿음은 무엇인지를 찾는 것이 해결의 첫 번째 단계입니다.

여러분은 시험에 대해 어떤 생각을 가지고 있나요? 시험은 생각만으로도 괴롭고 짜증 나는 존재인가요? 무섭고 도망가고 싶은 존재인가요? 아니면 이겨내고 싶은 도전 거리인가요? 그냥 스쳐 지나가는 것처럼 보이는 이러한 생각들은 우리에게 아주 중요한 영향을 줍니다.

불안을 일으키는 생각 바꾸기

● 나를 불안하게 만드는 '마음속의 말'

시험을 앞두고 나를 불안하고 초조하게 만드는 생각들은 어떤 것들이 있나요?

| 유의점 | 비합리적인 사고를 탐색하는 것은 청소년들에게는 어려운 작업입니다. 따라서 본 작업을 할 때는 학생들이 시험공부를 하고 있는 상황, 시험을 보고 있는 상황 등을 머릿속에 생생하게 떠올리도록 유도해야 합니다. 그리고 그 상황에서 어떤 생각이 마음속을 지나가는지 찾아보도록 합니다. 이때, '짜증 나', '하기 싫다'와 같은 피상적인 수준의 생각이나 느낌을 적는 것이 아니라 '내가 나에게 어떤 말을 하고 있는지'를 떠올려 보도록 지도해주십시오.
시험불안을 일으키는 '마음속의 말'의 기준은 다음과 같습니다 : 공부를 하기 싫게 만드는 생각, 나의 자신감을 꺾는 생각, 우울, 짜증, 불안과 같은 부정적인 감정들이 들게 하는 생각, '항상', '꼭', '반드시'처럼 단정적인 생각

48

T2
10m

● **불안을 줄여주는 '마음속의 말'**

시험에 대한 불안감, 자신 없는 태도를 바꾸고 싶다면 나의 부정적인 '마음속의 말'을 긍정적으로 바꿔보세요. '열심히 준비했으니까 잘 볼 수 있을 거야', '시험 때 불안한 건 당연한 거야'와 같은 생각들을 되뇌거나, 자신이 원하는 모습을 계속 그려보며 할 수 있다는 다짐을 하면, 결국은 그 목표에 다다를 수 있게 될 뿐만 아니라 자신감도 커집니다.

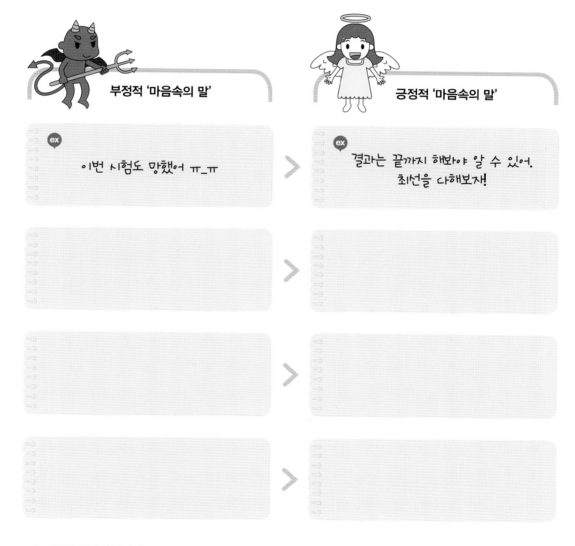

부정적 '마음속의 말'

ex
이번 시험도 망했어 ㅠ_ㅠ

긍정적 '마음속의 말'

ex
결과는 끝까지 해봐야 알 수 있어.
최선을 다해보자!

▶ **긍정적인 '마음속의 말'의 예**
- "난 머리가 나쁜 게 아니고 노력이 부족해서 결과가 안 좋은 거야."
- "내가 노력하면 앞으로 더 나아질 수 있을 거야."
- "성적이 떨어져서 기분이 좋진 않지만 앞으로 기회는 많아."

시험불안 줄이기 – 이완법

| 목표 | 시험에 대해 극심한 불안과 염려를 일으키게 되는 특정 장면을 반복적으로 떠올리고 있는 것은 아닌지 탐색해봅니다. 이러한 이미지는 불안을 일으키는 생각과 같은 효과를 갖고 있습니다. 편안한 상태에서 '시험' 하면 떠오르는 장면을 가능한 한 생생하게 적어보거나 그림을 그리도록 지도해주십시오.

긴장을 낮춰주는 이완법

● **마음속의 그림 바꾸기**

여러분은 '시험' 하면 어떤 장면이 떠오르나요? 글로 적어보거나 간단하게 그림으로 그려봅시다.

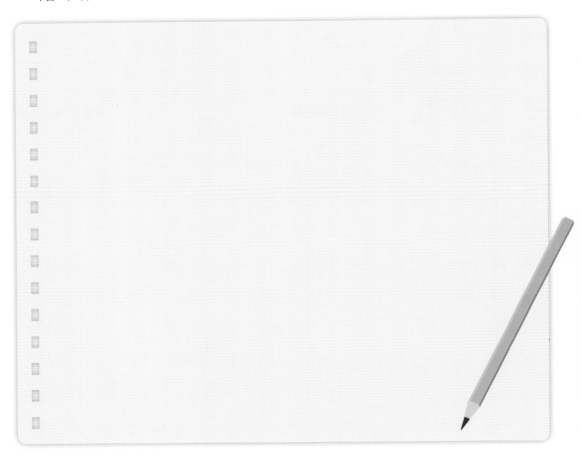

실수했던 모습, 모르는 문제가 나와서 당황해하는 모습, 시간이 부족해 급하게 문제를 풀어나가는 모습, 엉망인 성적표를 받고 걱정하고 있는 자신의 모습, 부모님의 실망하는 모습... 이런 장면들이 떠오르지는 않나요?

어떤 경우, 영화 속 한 장면처럼 머릿속에 떠오르는 이미지로 인해 긴장감과 불안감이 커지기도 합니다. 시험불안을 겪고 있는 사람들은 시험과 관련된 부정적인 장면들을 계속해서 떠올리며 불안감을 키우게 됩니다.

머릿속에 자주 떠올리는 장면인 심상(image)은 '마음속의 말'과 같은 효과를 가지고 있습니다. 따라서 시험과 관련된 부정적인 장면을 긍정적으로 바꾼다면 걱정과 불안은 줄어들고, 안정되고 편안하게 시험을 준비하고 치를 수 있습니다.

> 아래의 빈 말풍선에 시험 당일, 자신이 원하는 장면을 상상해서 기록해보세요.
> 그리고 시험과 관련된 부정적인 장면이 떠오를 때마다 여기에 쓴 이미지로
> 바꾸는 연습을 해보세요.

▶ **가능한 답변 예시**
– 평소보다 일찍 교실에 도착해서 준비하는 모습. 시험을 앞두고 조금 긴장되지만, 열심히 공부했던 모습을 떠올리며 잘 볼 수 있을 거라 다짐하는 장면
– 차분한 마음으로 시험을 보고 있는 모습. 지금까지 프로그램에서 배운 방법 그대로 시험을 준비해서 공부한 내용을 잘 기억하는 장면
– 문제를 다 풀고도 시간이 10분 남아, 여유롭게 답안을 검토하는 장면
– 시험이 끝나고 답을 맞추는데, 노력한 만큼 결과가 있어 저절로 웃음이 나고 신이 난 장면

호흡 훈련

우리의 신체감각, 생각, 행동은 관련이 많습니다. 불안과 연관된 몸의 반응 중 하나인 호흡은 불안과 긴장을 감소시키는 데 큰 효과가 있습니다. 따라서 호흡을 잘 조절하게 되면 과도한 긴장, 불안과 관련된 여러 가지 신체 감각들도 함께 변화시킬 수 있으며, 주의집중력을 높일 수 있어 학습능력도 좋아질 수 있습니다. 지금부터, 선생님의 지시에 따라 호흡 훈련을 시작해보겠습니다.

〈호흡 훈련하기〉

1 두 손을 배꼽 위에 올려놓으세요.

2 눈을 가볍게 감고 입을 다물고 깊숙이 '코'로 숨을 들이쉬세요.

3 잠깐 숨을 멈췄다가 '입'으로 천천히 내쉬세요.

4 숨을 들이쉬면서 배를 풍선처럼 부풀렸다가 내쉬면서 풍선에서 바람이 빠지듯이 배를 집어넣으세요. 가슴은 고정시킵니다.

5 호흡을 하면서 온몸의 근육이 편안해지는 느낌을 갖도록 해보세요.

6 이 과정을 세 번 반복합니다.

| 유 의 점 | 호흡 훈련을 할 때는 편안하고 조용한 장소에서 해야 합니다. 조명을 낮추고 잔잔한 음악을 튼 상태에서 선생님이 차분한 목소리로 차례차례 지시를 합니다. 이때 학생들은 자신의 호흡, 신체가 이완되는 느낌에 집중을 하도록 지도해주십시오.

회 기 요 약

시험불안 감소전략

★ 시험을 앞두고 적당한 수준의 긴장, 불안감을 경험하는 것은 시험에 대한 준비를 철저히 하게 하며 수행의 효 율 성 을 높일 수 있습니다.

★ 그러나 과 도 한 불안감은 공부에 집중하는 것을 방해하며, 높은 수준의 긴장감으로 시험을 앞둔 중요한 시기에 컨디션 조절에 실패하기도 합니다.

★ 시험에 대한 과도한 불안감은 대개 시험 결과에 대한 부정적인 생각, 실패에 대한 염려와 같은 부정적인 생각에서 발생하는 경우가 많습니다. 따라서 불안을 일으키는 생각을 긍 정 적인 방향으로 바꾸는 연습이 필요합니다.

★ 시험불안은 긴장을 낮춰주는 **이완법 – 심상바꾸기**와 **호흡 훈련**을 통해서도 조절할 수 있습니다.

★ 시험을 볼 때, 실수로 틀리는 일이 발생하지 않도록 주의할 점들을 숙지해야 합니다.

53

과 제

생각 바꾸기 연습

– 이번 시간에 배운 '생각 바꾸기'는 시험불안을 줄일 때뿐만 아니라 공부에 자신감이 없을 때, 대인관계에서 화가 날 때 등 여러 상황에 적용해볼 수 있습니다. 한 주 동안 여러 가지 상황 속에서 부정적인 감정들을 일으키는 생각들을 찾아서 적어본 후, 그것을 긍정적인 생각으로 바꿔봅시다.

❶ 상황 :

마음속의 말	그에 따른 감정	뒤따르는 행동

❷ 상황 :

마음속의 말	그에 따른 감정	뒤따르는 행동

❸ 상황 :

마음속의 말	그에 따른 감정	뒤따르는 행동

4

실수를 통해 성장하는
시험관리법

오답노트의 작성과
스트레스를 다루는 방법

◎ 목 표 　　많은 학생들이 시험을 열심히 준비해서 시험 잘 보는 것에만 관심을 갖지만, 사실 시험이 끝난 후에 정리하는
일도 무척이나 중요합니다. 특히나 시험을 성공적으로 치르지 못했을 경우에는 더욱 그러합니다. 주의를 기울여 노력하지 않
으면 비슷한 실수들을 반복하는 경향이 우리 모두에게 있기 때문입니다. 이는 시험에 있어서도 마찬가지입니다.

이번 시간에는 시험이 끝난 후 이를 정리하고 오답노트를 하는 방법에 대해 배우도록 하겠습니다. 또한 실패에 보다 건강하게
대처하는 방법 및 스트레스를 잘 다루는 방법에 대해서도 살펴보겠습니다.

전 세계적으로 인기를 모은 '해리포터' 시리즈의 작가, 조앤 롤링의 이야기를 들어볼까요? 지금과 같은 큰 성공을 이루기 전의 과정은 어땠을까요?

"저는 7년 동안 엄청난 실패를 겪었습니다.
결혼 생활을 오래 하지 못했으며 실업자 신세에 가난까지 닥쳐왔습니다.
누가 봐도 전 실패한 사람이었습니다.
그러나 실패가 제 삶에서 불필요한 것들을 제거해주었습니다. 제가 가장 두려워하던 실패가 현실이 돼버렸기 때문에 오히려 저는 자유로워질 수 있었습니다. <u>가장 밑바닥이 제가 인생을 새로 세울 수 있는 단단한 기반이 되어 준 것입니다. 실패 없이는 진정한 자신에 대해 알 수 없습니다.</u>
세상을 바꾸는 데 마법은 필요 없습니다. 우리 내면에 이미 그 힘은 존재합니다."

—　이처럼 자신이 했던 것들을 되돌아보고 실수와 실패를 점검하며 앞으로를 대비하는 모습은 공부를 하는 데 있어서, 특히 시험공부를 하는 데 있어서 무척 중요합니다. 시험에서 실수와 실패를 점검하기 위해서는, 틀린 문제를 다시 풀어보고 정리하는 오답노트를 작성하는 것이 필요합니다. 이번 시간에는 오답노트의 필요성, 구체적인 방법 및 시험에 보다 긍정적으로 대처하는 자세, 스트레스 대처 전략에 대해 배워보겠습니다.

★ 이번 시간에 배울 내용

· 시험이 끝난 후에는 무엇을 해야 할까?　　　· 시험을 잘 못 봤을 때 어떻게 극복할까?
· 오답노트는 어떻게 만들고 활용할 수 있을까?　　· 스트레스는 무엇이고 어떻게 이겨낼 수 있을까?

나의 스트레스 정도는?

A1
5m

- ● 아래의 문항들을 읽고, 나에게 해당되는 것에만 ∨표 하세요.

문 항	∨표
1.　부모님의 잔소리가 너무 심하다.	
2.　최근에 성적이 많이 떨어졌다.	
3.　친구들과 말다툼을 자주 한다.	
4.　친구들이 나를 오해해서 힘들 때가 많다.	
5.　부모님과 의견 충돌이 심하다.	
6.　부모님이 다른 사람과 기분 나쁘게 비교할 때가 있다.	
7.　해야 할 일이 너무 많다.	
8.　배우는 내용이 어려워 도저히 따라갈 수 없다.	

총 개수 :

- ● ∨ 표시한 문항의 개수를 세어보세요. 여러분의 스트레스는 어느 정도인가요?

1~2개 ⟶ 약간의 스트레스를 받고 있습니다.

3~4개 ⟶ 스트레스가 많은 편입니다.

5~6개 ⟶ 스트레스가 심한 수준입니다.

7~8개 ⟶ 스트레스가 극심한 수준입니다.

나의 시험 과정에 대해 생각해보기

| **목표** | 시험을 잘 못 보게 되면 보통 어떤 생각이 드는지, 그럴 때 기분은 어떤지, 그래서 어떤 행동을 하는지 등등에 대해 질문하시기 바랍니다. 학생들이 평상시 시험 실패에 어떻게 대처하는지 먼저 살펴보기 위함입니다.
또한 시험 전-중-후 중 평소 어떤 부분에 가장 신경을 쓰고 있는지 알아봅니다.

A2
10m

● **시험 보기 전, 시험 중, 시험이 끝난 후 나의 모습은 어떤가요?**

● **나의 총에너지를 100%로 생각했을 때, 시험 전 – 중 – 후에 쓰는 에너지가 얼마나**
되는지 각각의 칸에 써보세요. *세 칸의 합은 100이 되어야 합니다.

시험 전   시험 중   시험 후

% % %

만약에 똑같은 시험을 다시 치른다면?

| 목 표 | 시험 후 이를 정리하는 시간을 갖는지의 여부가 다음 시험에 영향을 미칩니다.
학생들이 이 점을 인식할 수 있도록 지도해주시기 바랍니다.

● 만약 가장 최근에 봤던 시험을 그대로 다시 본다면, 얼마나 더 좋은 성적을 받을 수 있을까요? 점수에 어떤 변화가 있을까요? 그리고 그렇게 생각하는 이유에 대해서도 써봅시다.

예상 점수는?	그렇게 생각한 이유는?
	똑같은 시험을 다시 본다면 이전보다 훨씬 더 좋은 성적을 받을 것 같지만, 실제로는 그렇지 않다고 합니다. 같은 시험을 다시 보는 경우 2/3 정도는 점수에 변화가 없다고 합니다. 즉, 같은 시험을 반복해서 봐도 별로 나아지는 것이 없다는 뜻이지요. 왜 그럴까요? 처음에 본 시험에서 자신이 무엇을 틀리고 왜 틀렸는지에 대해 정확하게 정리하고 넘어가지 않으면, 다음 번 시험에서 똑같은 문제를 봐도 또 틀리기 때문입니다. 제대로 내용을 이해하고 오답을 정리해두지 않으면, 한 번 틀린 문제는 다음 번에 또 틀리게 될 가능성이 매우 큽니다.

실패를 되풀이하지 않으려면?

혹시 바둑 경기를 본 적이 있나요?

한 가지 흥미로운 점은, 바둑이 끝났는데도 기사들이 자리에서 일어나지 않는다는 것입니다. 바둑기사들은 그대로 자리에 앉아, 중간의 승부처 부분을 복기*해 봅니다. 두 기사가 마주 앉아 한 사람이 다르게 진행한다면 상대방은 어떻게 받아줄 것인가에 대해 의견을 서로 주고받는 것이지요.

복기는 다시 한 번 전체적인 흐름과 승부처, 이기거나 지고 있는 상황에서 대응할 해결책을 즉석에서 마련해보는 좋은 습관입니다. 이렇게 힘들게 복기를 하는 이유는 무엇일까요?

*복기 : 바둑에서 한 번 두고 난 바둑의 판국을 비평하기 위하여 두었던 대로 다시 처음부터 놓아보는 일.

시험 후에 해야 하는 일들

바둑기사들이 복기를 하는 것처럼 실패나 어려움은 누구나 겪지만 그 이후에 그것을 어떻게 이겨내느냐가 더 중요합니다.

그럼 시험을 본 이후에는 어떤 것을 해야 할까요? 시험이 끝난 후에 더 해야 할 것이 있을까요? 무엇을 해야 할지 하나하나 생각해봅시다.

1. 시험이 다 끝난 마지막 날에 시험지를 채 점 해본다.

2. 틀 린 문제는 반드시 다시 풀어본다.

3. 찍 어 서 맞았거나 정답이 잘 이 해 되지 않을 때에도 다시 풀어본다.

4. 중요하거나 어려운 과목이라면 이 문제들에 대한 오 답 노 트 를 만든다.

오답노트 작성의 원칙

| 목 표 | 오답노트의 작성 원칙들에 대해 알고 나면, 꼭 틀린 문제 전부를 오답노트로 정리해야 할 필요가 없음을 알게 됩니다.
어떤 과정을 거쳐 어떤 문제들을 오답노트로 정리해야 하는지 잘 알 수 있도록 지도해주시기 바랍니다.

● **오답정리가 필요한 문제**

오답정리가 필요한 경우는 어떤 것들일까요? 말풍선 안에 써봅시다.

▶ **가능한 답변 예시**
❶ 문제 풀이에 요구되는 기본적인 내용을 모르고 있는 경우
❷ 핵심 개념들이 헷갈리는 경우
❸ 반복해서 틀리는 경우
❹ 똑같은 문제가 다시 나와도 풀기 어려울 것 같은 경우
❺ 문제 내용이 참신하게 보이는 경우
위의 경우에 해당된다면, 오답노트로 정리해야 하며, 두고두고 복습해야 합니다.

C4
10m

● **오답노트 작성 시 주의할 점**

오답노트를 만드는 이유는, 내 공부에 좀 더 도움이 되도록 하기 위함입니다. 그렇지만 간혹 보면 오답노트를 만드는 데 너무 많은 시간을 소비하는 친구들이 있습니다. 이는 마치 목적과 수단이 뒤바뀐 양상이라 할 수 있습니다.

1. 오답노트는 필요한 과목 1 ~ 2 개만 작성하라!

전 과목의 오답노트를 다 만드는 것은 현실적으로 쉽지 않은 일일뿐더러 그럴 필요도 없습니다. 처음에는 나에게 가장 중요한 1~2개 과목의 오답노트를 만들도록 합니다. 만드는 데 어느 정도 익숙해지고 실제 공부하는 데도 도움이 된다 느껴지면, 그때부터 과목을 조금씩 늘려 나가면 됩니다.

2. 처음부터 완 벽 한 노트를 만들려고 하지 마라!

처음부터 너무 완벽한 오답노트를 만들려고 하다 보면, 노트를 예쁘게 완성하는 데에만 치우치게 됩니다. 즉, 노트의 내용보다는 모양이나 형식에만 신경을 쓰게 되는 것이지요. 하지만 처음부터 완벽한 노트를 만들 수는 없습니다. 수많은 시행착오를 거쳐야 자기만의 노트가 되는 것입니다. 또 많은 학생들이 과목의 첫 단원부터 시작하려고 하는데 이미 학기가 어느 정도 진행된 상태라면 상대적으로 많은 힘이 들며 쉽게 지칠 수 있습니다. 당장 오늘 푼 문제나 시험부터 시작하는 것이 좋습니다.

3. ' 자 르 고 붙 이 기 '의 달인이 되자!

문제의 지문이나 해답을 일일이 손으로 적다 보면 시간도 오래 걸리고 쉽게 지치게 됩니다. 따라서 과감하게 문제집이나 시험지를 잘라 붙이는 것이 효율적입니다. 그렇지만 틀린 이유나 풀이 과정은 직접 자기 손으로 적어야 합니다.

4. 모든 오답노트는 노트 한 권에!

오답노트를 만들기로 했으면 그 노트 하나에 모든 정보를 모아두는 것이 좋습니다. 정보가 여기저기 흩어져 있으면 시험 직전에 모두 훑어보기 어려울 뿐 아니라 주의가 산만해져 효과를 보기 어렵습니다.

| **유의점** | 오답노트의 진짜 목적은 복습할 때 활용하기 위함입니다.
따라서 틀린 문제를 주기적으로 반복학습(복습)하는 것이 중요하므로 이 부분에 대해 강조해주시기 바랍니다.

오답노트 작성의 실제

T1
10m

〈 오답노트 작성 예시 1 〉

과목 : 수학		날짜 : 0000년 4월 24일	
문제 출처	교재명 : ∞수학 페이지 : p. 17		문제 번호 : 2

문제 쓰기

10% 소금물 200g과 15% 소금물 300g에서 각각 똑같은 소금물을 빼서 바꿔 넣어서 농도가 같게 하려면 얼마만큼의 소금물을 바꿔야 할까?

틀린 이유

[V] 개념 이해 부족
[   ] 문제 이해 부족
[   ] 문제 잘못 읽음
[   ] 단순 계산 실수
[   ] 기타 :

풀이 과정

시행 전   A 용기 : 10% 소금물 200g
        B 용기 : 15% 소금물 300g

시행 후   A 용기 : 10% 소금물 $(200-x)$g + 15% 소금물 xg
        B 용기 : 15% 소금물 $(300-x)$g + 10% 소금물 xg

시행 후의 두 용기에 들어 있는 소금물의 농도가 같다. 이때, x의 값은?

[풀이]
시행 후 A 용기 농도 a%

$$a = \frac{1}{200}\left\{ \frac{10}{100}(200-x) + \frac{15}{100}x \right\}\times 100 = \left(20 + \frac{1}{2}x\right) = \frac{5}{100}\left(60 + \frac{1}{6}x\right) \frac{15}{100}$$

시행 후 B 용기 농도 b%

$$b = \frac{1}{300}\left\{ \frac{15}{100}(300-x) + \frac{10}{100}x \right\}\times 100 = \left(45 \frac{1}{3}x\right) = \frac{5}{100}\left(90 + \frac{1}{6}x\right) \frac{10}{100}$$

$a = b$ 이므로 $60 + \frac{15x}{100} = 90 - \frac{10x}{100}$

$$\frac{25}{100}x = 30 \quad \therefore \quad x = 120$$

틀린 문제 반복 학습일

[V] 정리 당일   [V] 일주일 후   [   ] 이 주일 후   [   ] 한 달 후   [   ] 한 학기 후

| 유 의 점 | 수학 오답노트의 경우, 문제를 틀린 이유부터 파악하는 것이 가장 중요합니다. 또한 풀이 과정에서는, 전체 내용 중에서 어떤 부분이 가장 중요한지 자신이 어디에서 실수했는지를 짚고 넘어가야 합니다.

〈 오답노트 작성 예시 2 〉

과목 : 영어			날짜 : 0000년 5월 12일
문제 출처	교재명 : ∞영어	페이지 : p. 105	문제 번호 : 5

문제 쓰기	틀린 이유
다음 문장의 어색한 부분을 찾아 바르게 고치시오. (1) Hawaii is more beautiful island in the world. (2) She is very prettier than her younger sister.	[　] 핵심단어를 알지 못해서 [✓] 관련 문법을 알지 못해서 [　] 지문을 해석하지 못해서 [　] 단순 시간 부족 [　] 기타 :

풀이 과정

(1) Hawaii is more beautiful island in the world.
　　　　　　 ~~the~~ most

┌비교급 : 형용사/부사의 비교급 + than
└최상급 : the + 형용사/부사의 최상급 (+명사) + in(of)~

※ 3음절 이상의 단어와 -ful, -able, -less, -ous, -ing로 끝나는 것은 most를 씀.
　 ex) beautiful-more beautiful-most beautiful

(2) She is very prettier than her younger sister.
　　　　　 └~~much~~

※ 비교급을 강조하는 부사 : far, much, a lot, still, even + 비교급
　 해석 : "훨씬 더~"

틀린 문제 반복 학습일

[✓] 정리 당일　　[✓] 일주일 후　　[　] 이 주일 후　　[✓] 한 달 후　　[　] 한 학기 후

스트레스 제대로 알기!

| 목표 | 한국 청소년들이 가장 자주 겪는 스트레스는 시험과 학업에 대한 것입니다. 과도한 스트레스는 학업 효율을 감소시키므로, 스트레스에 능동적으로 대응하는 능력 역시 중요한 학습 전략이 될 수 있습니다.

스트레스란, 우리를 두렵고 불 안 하게 만드는 어려운 일이나 문제에 대한 반 응 이라고 할 수 있습니다.

> 내가 최근에 시험 이외에 받은 스트레스는 무엇인가요? 아래에 써 봅시다.

스트레스의 원인

C5
10m

● **스트레스는 여러 가지 일들이 원인이 되어 일어날 수 있습니다. 대표적인 스트레스의 원인들을 살펴봅시다.**

1. 가장 일반적으로 스트레스를 받는 상황은, 내가 할 수 있는 일보다 해야 할 일이 너무 많은 경우입니다. 즉, 내 능력을 넘어서는 많은 일들이 몰아칠 때 우리는 큰 스트레스를 경험합니다.

   > **ex** 시험 보기 전에 벼락치기를 하게 되면 시간에 비해 공부해야 할 내용이 너무 많기 때문에 공부에 대한 부담감이 커지게 되고 이때 스트레스를 경험
   >
   > **> 스트레스의 첫 번째 원인은** 부 담

2. 우리는 원하는 것이나 목표를 얻지 못했을 때에도 스트레스를 받습니다.

   > **ex** 좋은 성적을 받고 싶었는데, 시험 결과가 좋지 않은 경우
   >
   > **> 스트레스의 두 번째 원인은** 좌 절

| **유 의 점** | 스트레스 원인 영역별로 자신의 실제 경험을 발표하게 하면 더 깊은 이해가 가능합니다.

3. 가깝고 중요한 사람과 서로 원하는 것이나 의견이 달라 충돌하게 되고 자주 문제를 겪게 되면 스트레스를 경험하게 됩니다.

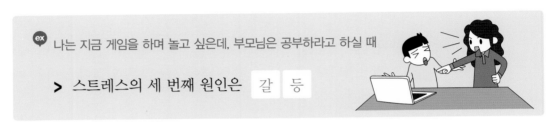

ex 나는 지금 게임을 하며 놀고 싶은데, 부모님은 공부하라고 하실 때

> 스트레스의 세 번째 원인은 갈 등

4. 학년이 바뀌거나 상급 학교에 진학하게 되면 이제까지의 삶과는 많은 것이 달라집니다. 공부의 내용과 양도 바뀌고, 학교 환경과 분위기, 친구들도 모두 달라지기 때문에 적응하기 위한 노력이 필요합니다. 이런 적응의 노력이 스트레스가 되기도 합니다.

ex 전학

> 스트레스의 네 번째 원인은 변 화

스트레스의 가치

| 목 표 | 스트레스에 대한 관점의 변화도 일종의 '대처'입니다.
스트레스에서 얻을 수 있는 것이 무엇인지 생각해보도록 지도해주십시오.
스트레스가 무조건 부정적인 것만은 아니며, 어느 정도의 스트레스는 긍정적인 측면이 있음을 이해하도록 합니다.

● **이 사진들은 누구의 발일까요?**

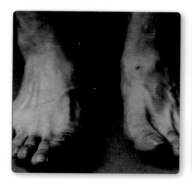 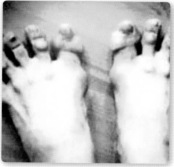 

● **이 사진들의 발이 의미하는 것은 무엇일까요?**

tip 사진은 왼쪽부터 축구선수 박지성, 발레리나 강수진, 피겨스케이팅 선수 김연아의 발입니다.
자기와의 싸움, 스트레스로 인한 압박감을 이겨내고 정상에 선 사람들의 예시입니다.

스트레스의 영향

| **목 표** | 스트레스를 받을 때의 다양한 영향에 대해 이해하고, 스트레스에 잘 대처하는 것의 중요성을 일깨우는 시간입니다.

C6
5m

● **평상시 모습과 비교할 때 스트레스를 받으면 우리는 어떻게 달라질까요?**

스트레스를 받으면 기분이 나빠집니다. 대부분의 경우에는 힘들고 지친 기분을 느끼지만, 화가 나거나 짜 증 이 날 수도 있습니다. 속상하거나 누군가를 원망하는 마음이 들기도 하고, 슬프고 우 울 한 기분이 되기도 합니다.

>

기분이 달라지면 우리 몸에도 변화가 나타납니다. 스트레스를 받으면 긴 장 이 되고 가슴이 뛰는데 이런 일들은 모두 교감신경계의 활동 때문입니다.

∨

"이런 이유들 때문에, 스트레스를 잘 다루는 방법을 터득하는 것은 건강한 삶은 물론 공부를 하는 데 있어서도 매우 중요합니다."

<

우리의 생각도 영향을 받습니다. 스트레스 받는 일에 대해서 자꾸만 걱 정 하고 당장 무슨 일이 일어날 것만 같은 생각이 들기도 합니다. 그러면 집 중 력 이 떨어지고 공부에도 지장이 있을 뿐만 아니라 일상생활에도 큰 방해가 될 수 있습니다.

우리들이 경험하는 스트레스

T2
15m

● **다음 사례를 읽고 어떻게 대처하는 게 좋을지 조원들과 상의해서 여러 가지 해결책을 찾아봅시다.**

> (시험 성적을 부모님께 보여드린 후)
>
> **아버지** : 야, 한마음, 성적이 왜 이 모양이냐? 힘들게 과외 시키고 학원도 보내고 했더니만 이것밖에 못 받아와? 아빠는 과외 한 번 안 받고도 공부 잘했다.
>
> **어머니** : 아니, 당신 학교 다닐 때랑 똑같아요? 다른 아이들은 이것보다 훨씬 더 많이 한다고요. 아무래도 마음이 과외 선생님 바꾸고, 학원보다 과외를 더 늘리는 게 낫겠어요.
>
> **마음** : (한숨을 푹 쉬며) 엄마, 저 지금도 너무 힘들어요. 매일 집에 오면 밤 11시, 12시라고요.
>
> **어머니** : 요즘 아이들 다 그렇게 하는데 왜 너만 이렇게 힘들어하니? 엄마, 아빠는 돈이 뭐 땅 파서 나오는 줄 알아? 다 너 잘돼서 하고 싶은 것 하면서 살라고 그러는 거 아냐. 어쩜 아직도 이렇게 철이 안 드니?
>
> **아버지** : 자기가 못하겠다는데 아무것도 시키지 마. 저런 녀석은 공부하고 싶어도 돈이 없어서 못하는 아이들 심정이 어떤지 좀 느껴봐야 해. 지금 하고 있는 학원이랑 과외 다 때려치워!

> 마음이의 현재 스트레스는 무엇인가요?

> 만일 나의 상황이라면 어떻게 대처하는 것이 좋을까요? 혹은 마음이에게 도움을 준다면 어떻게 할 수 있을까요?

스트레스에 잘 대처할 수 있는 방법은?

1. 스트레스의 긍 정 적 인 면에 대해서도 생각해본다.

   정상적인 스트레스는 우리에게 더 큰 배움을 위한 도전과 성장의 기회를 준다.

2. 스트레스 증상을 인지하고 그에 대해 자세히 알아본다.

3. 원인이 무엇인지 다시 생각해본다. 모든 일의 원인은 환 경 속에도 있고, 나 에게도 있다. 부정적인 일과 긍정적인 일 모두 스트레스의 원인이 될 수 있다.

4. 스트레스를 일으킬 수 있는 행 동 이나 습 관 에 대해 이해하는 것이 필요하다.

5. 다른 해 결 책 은 없는지 곰곰이 생각해본다.

   모든 일에는 항상 더 좋은 해 결 책 이 있기 마련이다.

6. 시 간 관 리 를 실천해본다.

7. 다 른 사 람 의 도움을 구한다. 백지장도 맞들면 낫다.

자기주도적 학습전략 정리

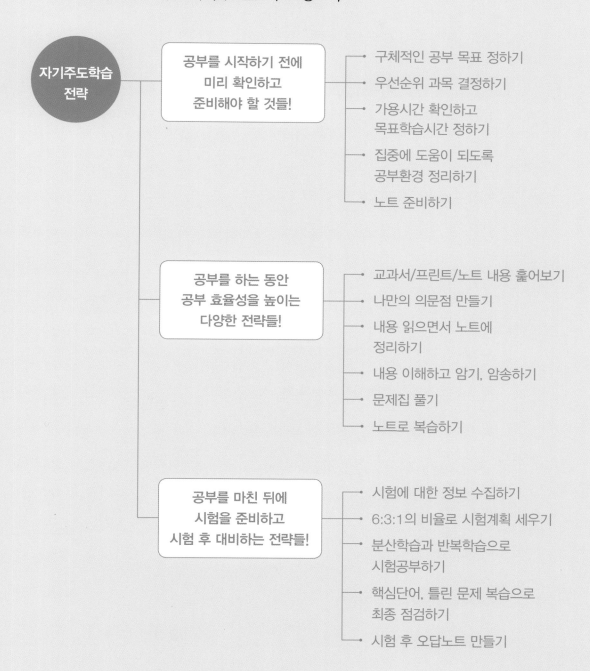

자기주도학습 전략

공부를 시작하기 전에 미리 확인하고 준비해야 할 것들!
- 구체적인 공부 목표 정하기
- 우선순위 과목 결정하기
- 가용시간 확인하고 목표학습시간 정하기
- 집중에 도움이 되도록 공부환경 정리하기
- 노트 준비하기

공부를 하는 동안 공부 효율성을 높이는 다양한 전략들!
- 교과서/프린트/노트 내용 훑어보기
- 나만의 의문점 만들기
- 내용 읽으면서 노트에 정리하기
- 내용 이해하고 암기, 암송하기
- 문제집 풀기
- 노트로 복습하기

공부를 마친 뒤에 시험을 준비하고 시험 후 대비하는 전략들!
- 시험에 대한 정보 수집하기
- 6:3:1의 비율로 시험계획 세우기
- 분산학습과 반복학습으로 시험공부하기
- 핵심단어, 틀린 문제 복습으로 최종 점검하기
- 시험 후 오답노트 만들기

학습 전략 적용하고 소감 적기

– 우리는 지금까지 주도적 학습에 도움이 되는 다양한 전략들을 배웠고, 과제를 통해 그 전략을 적용하고 연습도 해보았습니다. 각각의 전략들을 어느 정도 적용해보고 연습해보았는지 평가해봅시다.

학습 전략	적용 정도(%)
1. 진로 목표를 기억하고 공부하는 데 적용하려 노력했나요?	0-10-20-30-40-50-60-70-80-90-100
2. 공부 목표를 세우고 이를 실현하기 위해 노력했나요?	0-10-20-30-40-50-60-70-80-90-100
3. 플래너를 통한 시간관리를 꾸준히 실천했나요?	0-10-20-30-40-50-60-70-80-90-100
4. 집중에 도움이 되도록 공부환경을 늘 정리하고 관리했나요?	0-10-20-30-40-50-60-70-80-90-100
5. 집중력 향상에 도움이 되는 전략들을 실제로 사용했나요?	0-10-20-30-40-50-60-70-80-90-100
6. 수업 전 – 중 – 후에 각각 해야 할 일들을 실천했나요?	0-10-20-30-40-50-60-70-80-90-100
7. 필요한 과목을 노트로 정리하고 복습 때 사용했나요?	0-10-20-30-40-50-60-70-80-90-100
8. 효과적인 책읽기 전략에 따라 교과서를 읽고 정리했나요?	0-10-20-30-40-50-60-70-80-90-100
9. 기억력 향상에 도움이 되는 전략들을 실제로 사용했나요?	0-10-20-30-40-50-60-70-80-90-100
10. 체계적으로 시험을 준비하고, 시험 후 정리하는 시간을 가졌나요?	0-10-20-30-40-50-60-70-80-90-100

학습 전략 전체적인 적용 점수는? : _____ 점

▶ 앞으로 더 신경 써야 할 것은?

학습 전략의 종류	어떤 점을 신경 써야 할까?

오답노트 작성하기

- 한 과목을 골라, 실제 자신이 틀린 문제를 다음 오답노트 양식에 직접 작성해봅시다.

과목 :			날짜 :	
문제 출처	교재명 :	페이지수 :	문제 번호 :	

문제 쓰기

틀린 이유

[　　] 개념 이해 부족
[　　] 문제 이해 부족
[　　] 문제 잘못 읽음
[　　] 단순 계산 실수
[　　] 기타 :

풀이 과정

틀린 문제 반복 학습일

[　　] 정리 당일　　　[　　] 일주일 후　　　[　　] 이 주일 후　　　[　　] 한 달 후　　　[　　] 한 학기 후

핵심단어   수업내용 정리

핵심단어	수업내용 정리

핵심단어	수업내용 정리

핵심단어	수업내용 정리

핵심단어	수업내용 정리

핵심단어	수업내용 정리

박동혁

심리학박사

현) 아주대학교 교육대학원 겸임교수

　　원광디지털대학 심리학과 초빙교수

– 아주학습능력개발연구실(ALADiN)

– 강남삼성의료원 정신과 인턴

– MBC 자기주도학습캠프

– 한국산업기술재단 연구기획위원회 자문위원

– 서울시 교육청 자기주도학습 프로그램 효과 검증

– 심리학습센터 '마음과배움' 소장

– 허그맘 심리상담센터 대표원장

〈저서 및 연구〉

『최강공부법』(웅진씽크하우스, 2006)

『좋은 공부습관 만들기 워크북』(KPTI)

램프학습플래너(EBS)

MLST 학습전략검사(가이던스)

AMHI 청소년인성건강검사(가이던스)

KMDT 진로진학 진단검사(진학사)

LMDT 학습동기검사(진학사)

「학습습관향상 프로그램이 청소년의 학업성취와 정신건강에 미치는 효과」(2000)

「청소년 정신건강의 사회적 요인」(2002)

「대학생 시간관리 행동 척도의 개발과 타당화」(2006)

「예방과 촉진을 위한 청소년 정신건강 모형의 탐색」(2007)

LAMP WORKBOOK
PART 5 EE
시험준비 능력 향상 프로그램 (교사용)

2014년 5월 15일 1판 1쇄 발행
2024년 1월 25일 1판 4쇄 발행

지은이 • 박 동 혁
펴낸이 • 김 진 환
펴낸곳 • (주)**학지사**

04031 서울특별시 마포구 양화로 15길 20 마인드월드빌딩 5층
대표전화 • 02) 330-5114   팩스 • 02) 324-2345
등록번호 • 제313-2006-000265호

홈페이지 • http://www.hakjisa.co.kr
인스타그램 • https://www.instagram.com/hakjisabook/

ISBN 978-89-997-0410-9 04370
        978-89-997-0401-7 (set)

정가 **12,000원**

출판미디어기업 **학지사**

간호보건의학출판 **학지사메디컬** www.hakjisamd.co.kr
심리검사연구소 **인싸이트** www.inpsyt.co.kr
학술논문서비스 **뉴논문** www.newnonmun.com
원격교육연수원 **카운피아** www.counpia.com